Treasures for Scholars Worldwide

閩人墓誌拓本集

（上）

陳盛明　輯録

·文獻·

厦門大學東南亞研究中心／南洋研究院　編

廣西師範大學出版社
GUANGXI NORMAL UNIVERSITY PRESS
·桂林·

MINREN MUZHI TABEN JI

本書得到教育部人文社科重點研究基地厦門大學東南亞研究中心、厦門大學南洋研究院資助

圖書在版編目（CIP）數據

閩人墓志拓本集：全 2 册 / 厦門大學東南亞研究中心，南洋研究院編；陳盛明輯録. -- 影印本. -- 桂林：廣西師範大學出版社，2023.5
（南洋文庫. 文獻）
ISBN 978-7-5598-5838-2

Ⅰ. ①閩… Ⅱ. ①厦… ②南… ③陳… Ⅲ. ①墓志一拓片一福建 Ⅳ. ①K877.45

中國國家版本館 CIP 數據核字（2023）第 033317 號

廣西師範大學出版社出版發行
（廣西桂林市五里店路 9 號　郵政編碼：541004
網址：http://www.bbtpress.com）
出版人：黄軒莊
全國新華書店經銷
廣西廣大印務有限責任公司印刷
（桂林市臨桂區秧塘工業園西城大道北側廣西師範大學出版社集團有限公司創意産業園内　郵政編碼：541199）
開本：787 mm ×1 092 mm　1/8
印張：64　　字數：512 千
2023 年 5 月第 1 版　　2023 年 5 月第 1 次印刷
定價：1980.00 元（全 2 册）

《閩人墓志拓本集》書影

南洋文庫・編輯委員會

序

先生以其獨特的視角、智慧，首創使用墓志銘資料研究華僑史、地方史，具有示範意義，值得研究和學習。

墓志作爲一種承載了後人對先人紀念的文字，記叙了墓主的生平傳記，包括姓名、世系、履歷、事迹、子孫概况等相關内容。儘管後人出於尊重，執筆者受人請托，常在墓志中帶有『諛墓之辭』，但仍爲後來者提供了去僞存真的基本素材。

正是注意到了墓志所蘊藏的社會與學術價值，陳盛明先生在其治學生涯中，耗費了相當精力，專門搜集、整理、保存了近代福建墓志的拓本，共獲得一百多種，絶大多數來自閩南人士，并選編裝幀爲《閩人墓志拓本集》四册，珍藏於私立海疆學術資料館中，現保存於南洋研究院資料室。

『私立海疆學術資料館』是陳盛明兄弟1945年在泉州創辦的，次年5月遷往厦門，1950年將資料館的資産及畢生收藏的珍稀書籍、未刊手稿、剪報、墓志拓本、地圖海圖等全部無償捐并厦門大學，成立南洋研究館，即後來的南洋研究所/院。

正如學術資料館中的『海疆』二字所呈現的，陳盛明先生的初衷與學術旨趣，在於爲祖國的東南海疆建設調查研究，搜集和掌握資料，做些基礎性工作。早在上世紀四十年代初，他就深刻認識到民族發展和國家安全必須加强海疆研究，加强東南亞與華人、華僑研究。通過資料館『儲集學術資料、研究海疆問題，溝通中南文化，促進海外發展』。而在搜集整理拓本集的過程中，他也爲此做出了自己的嘗試，以其獨特的視角、智慧开創使用墓志銘資料研究華僑史、地方史。在發表於1980年《泉州文史》第四期的《閩南華僑史資料一臠——華僑墓志所反映的史實》一文中，通過對墓志中閩南華人華僑群體的重點關注，陳盛明先生分析了二十餘份具有代表性的華僑、僑眷墓志，并從家世、海外事業、反哺家鄉、社會生活、思想意識等方面，精煉、深入地再現了當時閩南華人華僑的歷史風貌。

具體而言，在近代中國閩南地區，出洋謀生往往出於無奈，不少華僑爲貧驅使，不得不漂泊海外。當然，其中能够留下墓志的，大多是在海外能够有所建樹的華僑；而客死他鄉或者空手而歸的，或許更多，却不會有墓志傳世。在那些打下海外基業的華僑中，既有開發土地的地産大亨，也有壟斷糖業的實業鉅子，還有建立華僑金融事業的銀行家，也有人成了國民黨時期海外黨團骨幹。但儘管離鄉背井，他們中的大多數人仍然心繫祖國，有人贊助了孫中山的革命，有人爲祖國捐獻籌措賑災善款和抗日經費，有人毅然歸國參加抗戰，有人出資在家鄉籌辦各級學校，有人熱心修橋造路等公益事業，有人專注文物古迹的修復……種種善舉，不一而足。而在這些善舉的背後，還蘊含着華僑群體所秉持的深層理念。例如，華僑在海外多由底層艱難起家，因此往往在致富後仍不改勤儉作風，公益事業上動輒捐獻千百元，在家中却惜金如命、勞勞碌碌。華僑也非常重視返鄉置田建屋，衣錦還鄉，泉屬各邑的番仔樓（小洋樓）、傳統民居大厝、厦門鼓浪嶼的別墅大多數是華僑所建，爲後世留下了大量遺産。在另一方面，也能够在墓志的字裏行間，管窺近代亂世當中，個體行爲的複雜動機。而爲了加强與家鄉的在地聯繫，富裕華僑與地方精英之間社會關係的建構與維護，也多有精微之處。

通過對華人華僑墓志的回顧可以發現，記載於墓志中的種種人生畫像，雖落脚於個體的生平，但却能以小見大，反映人生百態背後的歷史大勢。通過整理與保存墓志拓本集，爲了解近代閩南社會中上層人士的生平與社會關係提供了第一手資料，特别是在墓志原物多已毁失的情况下，在歷史學、社會學、文獻學層面極具重要的史料價值。

作爲一位地方學者，陳盛明先生爲報效祖國、保存歷史而默默進行的努力令後人欽佩。如果這些資料衹是保存在一地一校的資料室中，養在深閨，并不能最大程度地發揮其學術和社會價值，也難以完全實現陳盛明先生的夙願。令人欣喜的是，時隔數十年後，厦門大學國際關係學院/南洋研究院高瞻遠矚，經過長時間的準備，《閩人墓志拓本集》四册終於收入《南洋文庫》由廣西師範大學出版社正式出版。陳盛明先生一生的心血由此深度開發，得以進一步服務於社會、服務於國家、服務於人民。嘉惠當代的學術研究者和文史愛好者。

而這，也正是陳盛明先生一生所努力的方向與目標，先生在天之靈必感欣慰。作爲陳盛明先生的外孫、後人，我與長輩們也都對此由衷感恩。

是爲序。

蔡一村

（廣州大學公共管理學院講師、臺灣研究院助理研究員、博士）

前言

《閩人墓志拓本集》（全四册，以下簡稱『拓本集』）由原厦門私立海疆學術資料館館長陳盛明先生於1946年輯録裝幀，現收藏於厦門大學南洋研究院/東南亞研究中心圖書館，因未正式公開出版，故基本上少有學者觀注并進行學術使用。該拓本集收録有近代福建人墓志拓本50種，絶大多數是閩南人的，其中屬於華僑及僑眷的有近20種，堪稱近代福建地方史與閩南華僑史料之瑰寶。

墓志銘記叙逝者的家世及生平。雖然撰寫墓志之文人學士受人之托，筆下難免有『歌功頌德』之詞，但基本上還是有所依據，大體上能够表露出墓主人之本來面目。該拓本集中所輯録的閩人墓志主人，大多是晚清以至民國時期福建閩南（泉州）地方社會的中上層（士紳階層）人物及其眷屬，其中不乏名門望族，較爲著名者有清末的兩廣總督黄宗漢家族、翰林御史陳慶鏞家族、提督臺灣總兵曾玉明家族、翰林陳棨仁家族、翰林張端家族、翰林王式文家族、部郎黄摶扶家族，以及清末泉州最後一位狀元吴魯家族等等。這些墓志的内容不僅包括了墓主人的家世、功業、政績、學問、德行、善舉，以及其家庭和社會關係，還涉及此一時期閩南地方的社會政治經濟狀況，以及閩臺關係的源流等各個方面，在一定程度上可起到證史補史作用，因而具有其特定的史料價值。

此外，尤爲引人矚目的是拓本集收集的近20種閩南華僑及僑眷的墓志，這在歷代墓志輯録中實屬罕見，構成了該拓本集的一大特色。其中較爲著名的華僑人物有：印尼華僑著名商界領袖李功藏、旅菲華僑巨富黄秀烺、菲律賓僑領曾天眷，以及旅日華僑同盟會會員萬廷璧等。在有關華僑及僑眷的墓志銘中，對清末民初福建華僑的家世、出國原因、在海外的事業建樹、對祖國及家鄉的貢獻，以及其家庭、社會生活和思想意識等方面都有較爲詳細的記述。這對華僑華人以及僑鄉歷史的研究而言，亦是不可多得的一個重要資料來源。

除了藴含有豐富的歷史資料之外，墓志銘作爲我國寶貴的歷史文化遺産，還具有一定的石刻藝術和書法價值。相信《閩人墓志拓本集》的影印出版，在建設文化强國，弘揚中華傳統優秀文化，講好福建乃至中國故事等方面一定能發揮出應有的獨特作用。

聶德寧

2022年9月

總目録

上册

第一册

第二册

下册

第三册

第四册

目録

第一册

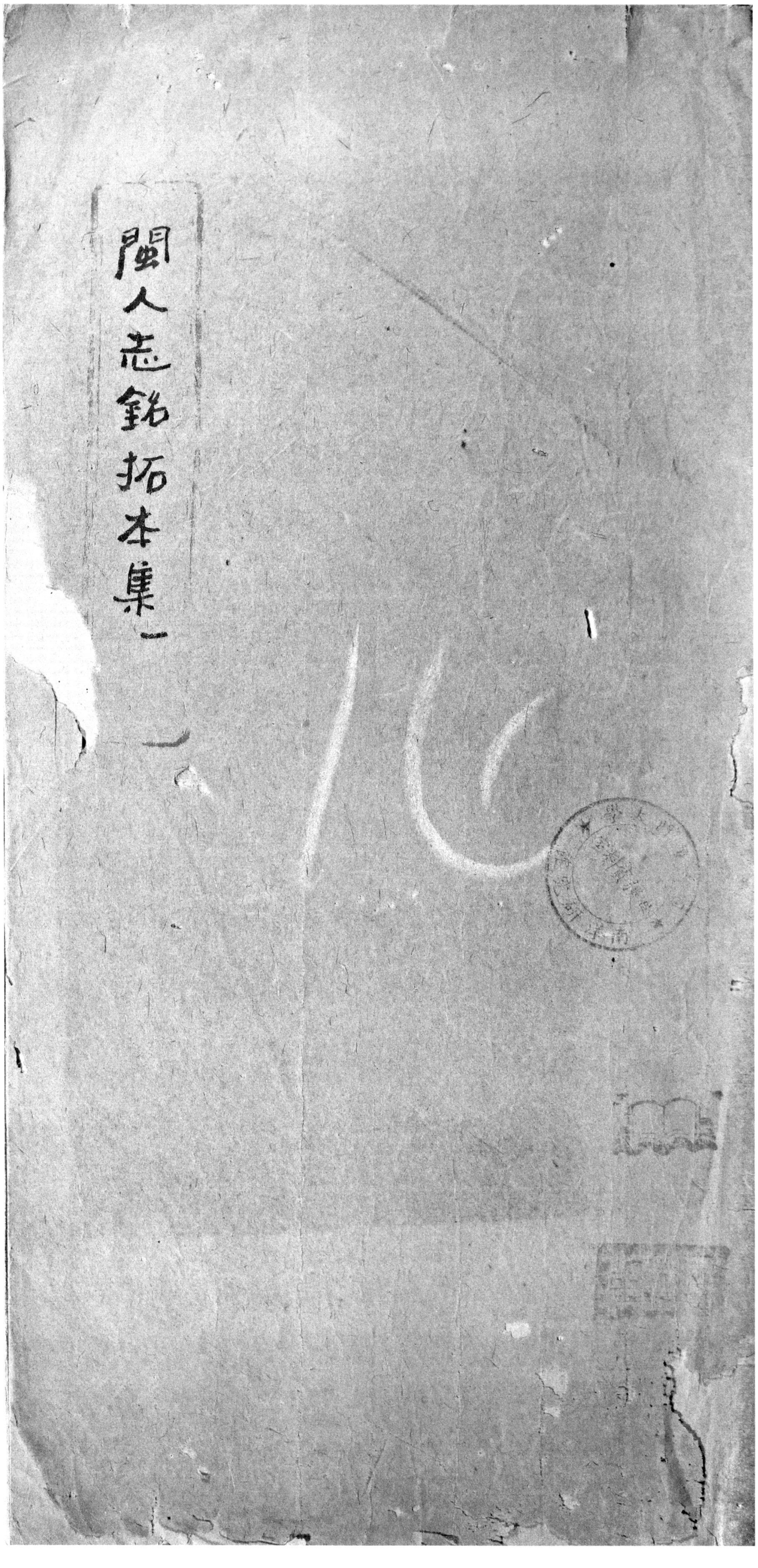
閩人志銘拓本集一
16

誥授中議大夫
頌南陳公暨德
配宋淑人誥

皇清中議大夫掌陝西道監察御史候選道　賞戴花翎　特

贈光祿寺卿銜　賜祭葬入祀鄉賢祠頌南陳公暨元配宋

淑人墓誌銘

賜進士出身

誥授資政大夫兵部侍郎兼都察院右副都御史湖北巡撫署兩湖

總督前江蘇巡撫年愚弟郭柏蔭頓首拜篆蓋

賜進士出身

誥授奉政大夫員外郎銜刑部河南司主事前翰林院庶吉士加三
級受業宗年再姪陳棨仁頓首拜撰
賜進士及第
誥授光祿大夫經筵講官太子少保頭品頂戴刑部尚書南書房行
走加三級受業潘祖蔭頓首拜書丹
國朝道光之中天下稱名御史者三曰臨桂朱公琦曰高要蘇公廷
魁其一則吾師晉江陳公也公諱慶鏞字乾翔別字頌南祖可

德考大睿以孝　旌均贈如公官公少而岐嶷爲淹貫甄綜之
學不屑〻逐時好韓樹屏侍郎視學閩中有國士之目道光壬
午舉於鄉壬辰成進士改翰林院庶吉士派習　國書散館以
主事用己亥補戶部雲南司主事越二載擢江西司員外郎其
明年授江南道監察御史時海事方亟中外嘈〻議未定摩三
百僚各隱其意私相角良莠遣牾迭爲興蹶公於是有申明刑
賞之疏危辭竦諭指摘無所避得　旨嘉納立收　成命且有

抗直敢言之褒諫草流傳讀者咋指争以識顏色親謦欬為幸
蓋由是而公之直聲震區宇矣乙巳秋進公工科給事中旋以
巡視東城之役詿吏議左遷光祿寺署正閲一歲謁假南旋棲
遲桄門日事稽謑道光三十年　文宗即位・詔舉人材故
大學士蕭山朱公以公及林公則徐上薦被　召入京仍授言
職補江西道監察御史復調掌陝西道公既蹶再振鋭氣不撓
顧念　兩朝□遇之隆中宵屏營思圖報稱前後章奏數十上

率切深懇摯傾臆盡言先是軍興已來餽輸奇絀部臣有報捐
軍功舉人附生之議公抗疏請止特被採納士氣為之一振居
無何閩境盜起泉漳興永之間稂莠延公疏陳事宜洞合機
要有　詔回籍辦理本省團練公抵家則與疆吏襄團防酌勦
撫籌經用通道路悉心紆畫不避勞怨吏亦以公耆宿重望拱
手受成惠安妖婦邱氏煽衆作亂公偵獲置法下遊莠民謀不
軌公計擒其魁黨遂散濱海巖疆漸就清謐矣大府上公勛勦

賞戴花翎俄因積勞成疾陳請開缺丁巳逆匪林俊之變復
作糾合莆仙土匪鼓永春南安之冦攻掠泉州時官民宴安久
驟聞變懵無措手足事且急公募卒登陴嬰城固守顧士不習
戰軍火守具多不供公躬自撫循激以忠義兵民感奮無遠命
者賊攻撲數日不克而退其戢兇醜保桑梓之功蓋於今人人
能道之方事之殷也官或發一令斂一錢必假公命諄於衆則
集事無迕公家附郭當賊衝賊令其黨毋輙入陳御史之鄉以

故家人得免於難賊雖去而醜類森有駸〻蘖芽公復單車抵
其巢開陳利害黨羽多解散首逆聘貽莫誰何遂隻身遁論者
謂公忠誠素孚有以致之云事平第公功以道員候選而公則
竟以病不起矣咸豐八年八月三日卒於泉州團練公所春秋
六十有四 朝廷以公功為多 特贈光祿寺卿銜 賜祭葬
蔭一子知縣咸豐十一年郡人請祀於鄉得 旨報可於虖生
都榮名沒受 渥眷公雖云亡抑亦可無憾歟公循〻敦樸遇

人無忤色及臨大節抒讜議鷙擊鶚奮不顧利害自非植志崇
誼樹立節槩磊磊軒天地者盖亦難乎其言之矣生平精研漢
學而服膺宋儒甞曰六経宗許鄭百行學程朱顧先生之言吾
輩當以自勵家富藏書披覽未甞輟文章樸懋淵古晚而益進
所著籀経堂稿齊侯罍銘通釋均有成書三家詩攷說文釋文
校本古籀攷穀梁通釋曆草多未竟夫人宋氏封淑人側室方
氏洪氏淑人與公同里勤儉恭慎貴而不改公都久淑人在家

主饋訓子之務身任不以為勞年八十有五光緒五年四月二
十一日卒子男七人彥麒早逝彥麟道光己酉拔貢咸豐乙卯
舉人後公三十二年卒彥爵乙丑補行甲子正科優貢生彥祿
彥鴻均庠生彥鵬彥鶴女三人長適邑庠生許進秋次適儒生
林奉琳次適邑庠生李寶韓孫十一人翼謀同治丁卯舉人祖
釗祖津祖凱祖燿祖懋祖拔祖萃祖𠂢祖榮祖昌女孫十人曾
孫七人泰源泰綏泰綬泰獻泰琛泰陬泰澤泰興公卒踰年而塋此

夫人終將祔邗家或咎其兆之非吉光緒六年改卜於南安之
都佛跡山之麓以七月二十六日啟公櫕與夫人之柩合而窆
焉禮也公嗣子以插塋告且曰公筮日有期矣而下綍之石所
以臚族出行誼蔵馨香而俟陵谷者其詞未飭願吾子之留意
也榮仁少辱公教又與公文孫同舉鄉貢不敢以辭謹最其梗
概而繫之銘曰　聖主休烈有檻不折有輪不轃彌違則諧
公丁其昌白簡風霜從繩轉圜璧礫投湍騶牙將〻歟而神羊

斂角戢齒以惠厥里　帝庸嘉之歿有榮施曩聞紫雨兩灑公
宇以藥洗疴起瘝瘉瘥惟天鑒德若雲五色天尚示瑞況在並
氣清紫與高筍浯與深鐫徽幽堂敬詒來今
穴坐辛向乙兼戊辰分金辛酉辛卯
孝重孫翼謀
男彥爵　彥祿彥鵬
彥鴻彥鶴暨諸孫曾等仝泣血稽顙

誥授振威將軍利勇巴
圖魯提師曾公墓志銘

皇清誥授振威將軍　賞換花翎利勇巴圖魯　誥
名提督福建臺澎水陸掛印總兵官藍田曾公墓
志銘
故將軍曾公薨後七年塋有期其嗣雲梯等郵書以
狀請銘納隧中予忝葭莩弗溯辭爰據事而敘之公
諱玉明字冰如藍田其別號也曾於泉為望族公支
祖奮武校尉埠處自龍山分居北門大希夷里曾祖

天聯祖當文泰侯俱以公貴贈振威將軍道光十二年公由行伍隨征臺灣得功拔千總游陞嘉義營守備興化右營都司陞江營游擊留臺署鎮標中營游擊擢嘉義營參將北路協副將咸豐九年奏署臺鎮十年署建寧鎮是年 簡放福寧鎮總兵官同治元年調補臺澎總兵官屢蒙 溫旨嘉獎換戴花翎給予勇號 賞加提督銜旋 記名以提督即補

歷著水師提督此公之宦履也臺灣孤懸海外風俗
剽悍閩粵分類土番錯處動輒生釁素稱難治公在
臺三十餘年前後剿除著匪如陳勇王湧洪紀逆匪
曾雞角吳磋芋仔崙山之亂解斗六之危殲小刀會
之逆雖以枚舉咸豐季年發逆竄擾東南杭省淪陷
閩疆纂嚴奉　命堵禦三衢連復江山常山正在規
畫進取閩閩中汀郡不守移師赴援先克姑田斷賊

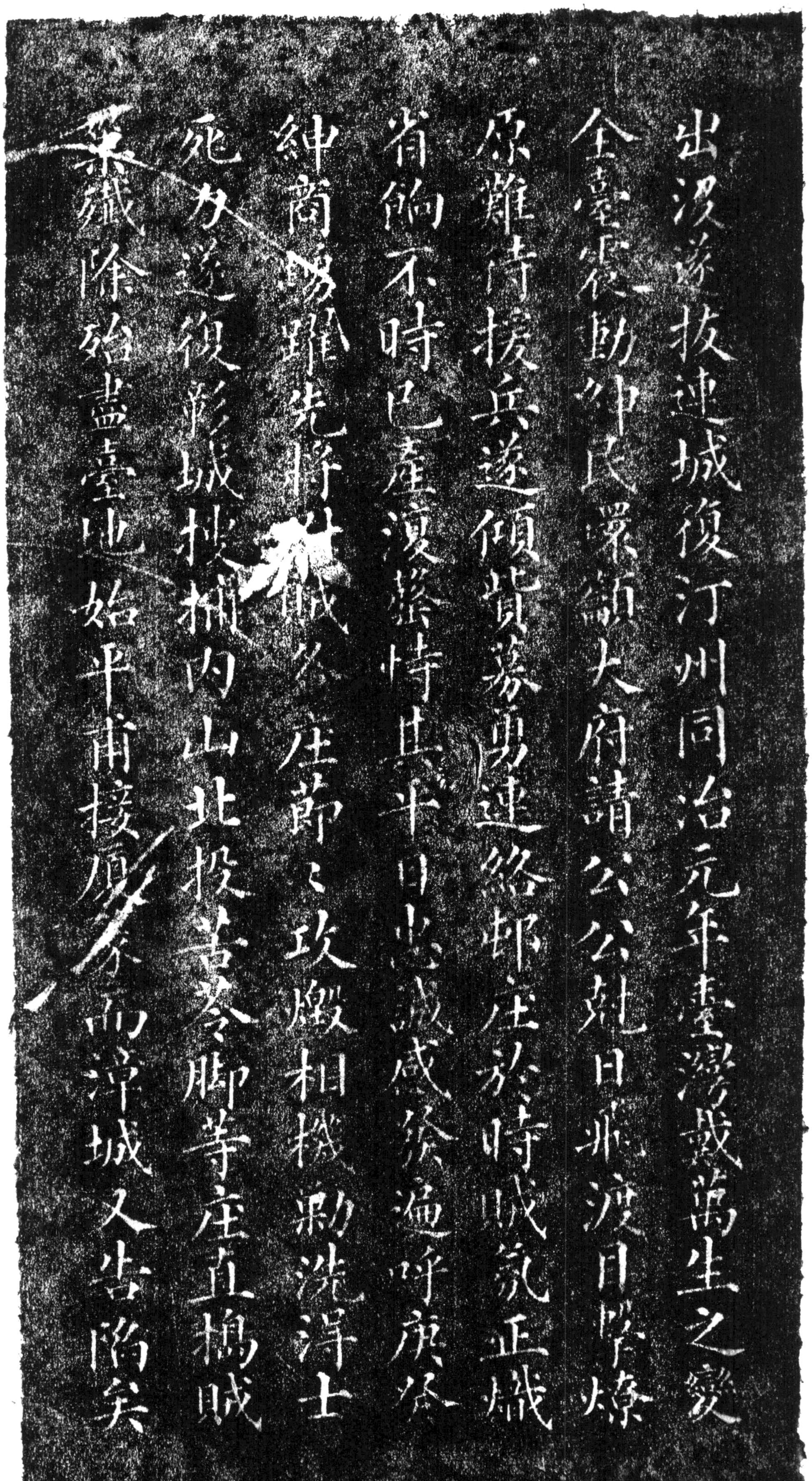
出沒遂拔連城復汀州同治元年臺灣戴萬生之變
全臺震動紳民環籲大府請公剋日飛渡目擊燎
原難待援兵遂傾貲募勇連絡郡庄於時賊氛正熾
省餉不時已產復藉恃其平日忠誠感發遍呼庚癸
紳商踴躍先將壯賊之庄節節攻燬相機剿洗得士
死力遂復彰城搜捕內山北投茄苳脚等庄直搗賊
巢殲除殆盡臺地始平甫接[illegible]務而漳城又告陷矣

林鎮軍失機之後賊夥數十萬公所部三千皆數年
隨征勁旅扼紮鎮南丹州一帶與高黃軍為犄角拒
賊鬪五月未嘗少挫鼓舞民團保障海澄同厦賊難
内竄控制之力尤多大兵繼至公尅期誓師攻擊南
門轟裂城垣賊勢敗逃乘勝追剿殺獲無算漳南郡
縣以次克復此公之戰功也公在臺最久草木知名
一聞不逞樹黨自及相仇公至咸情理諭無不一一

帖服應時解散若屬被水沿海數十里田盧淹沒浮
屍遍野此貴埋瘗勞来安集至今頌德不衰他如練
兵勇簡軍實慎賞罰肅號令軍無嘩譟衆呼佛子雖
古名將不是過焉此公之政績也居恒儉約持己忠
厚待人事必躬親不辭勞瘁嘗誡諸子曰人貴習勞
尤在戒欺習勞則不至養尊處優報色足娛致辜
國恩戒欺則不致浮冒揀功沽名植黨比来戒行習

氣犯此者多矣有不堪對　君父者吾素賞識最
天恩高厚驟躋并閫每用惕惕汝曹勉之此公之素
行也公體質雄偉勇健絕倫年逾六十身先士卒雖
被多傷未嘗言苦然自內山之役烟瘴外侵精氣內
鑠迨漳南勦逆之後舊傷未已新創復加方幸軍務
告蔵須篆卸後安心調理半載漸瘳臺地紳商紛紛
索貢不得已規赴省垣會庫款之支絀加意外之風

波憤醫交侵循傷進湯藥罔效遂至不起嗚呼惜
哉公生於嘉慶乙丑年十二月初三日巳時卒於同
治戊辰年六月十五日午時享壽六十有四娶夫人
劉氏後公六年沒於臺生子五人雲從優廩生軍功
藍翎即選郎中補同知銜雲峰優廩貢生軍功花翎
選缺前即選道榆候選通判雲鏞壬戌倂補行辛酉
科舉人辛未進士軍功藍翎候選郎中沒孫瑞梁國

學生沒瑞煌瑞秋瑞芝瑞珊雲從出瑞時瑞生浦出
瑞池瑞綿雲峰出女四夫人出二側室李氏蘇氏各
出一女孫三婚娶皆名族不備載穴在晉江塗門
卅八都山後鄉坐乾向巽兼戌辰分金丙戌丙辰
塋同治甲戌年四月十三日也銘曰
桓桓曾公儒將之風宣力卅載殺震海東惠威兼
叠奏膚功　帝眷優渥命紀元戎公甫移節靖賊

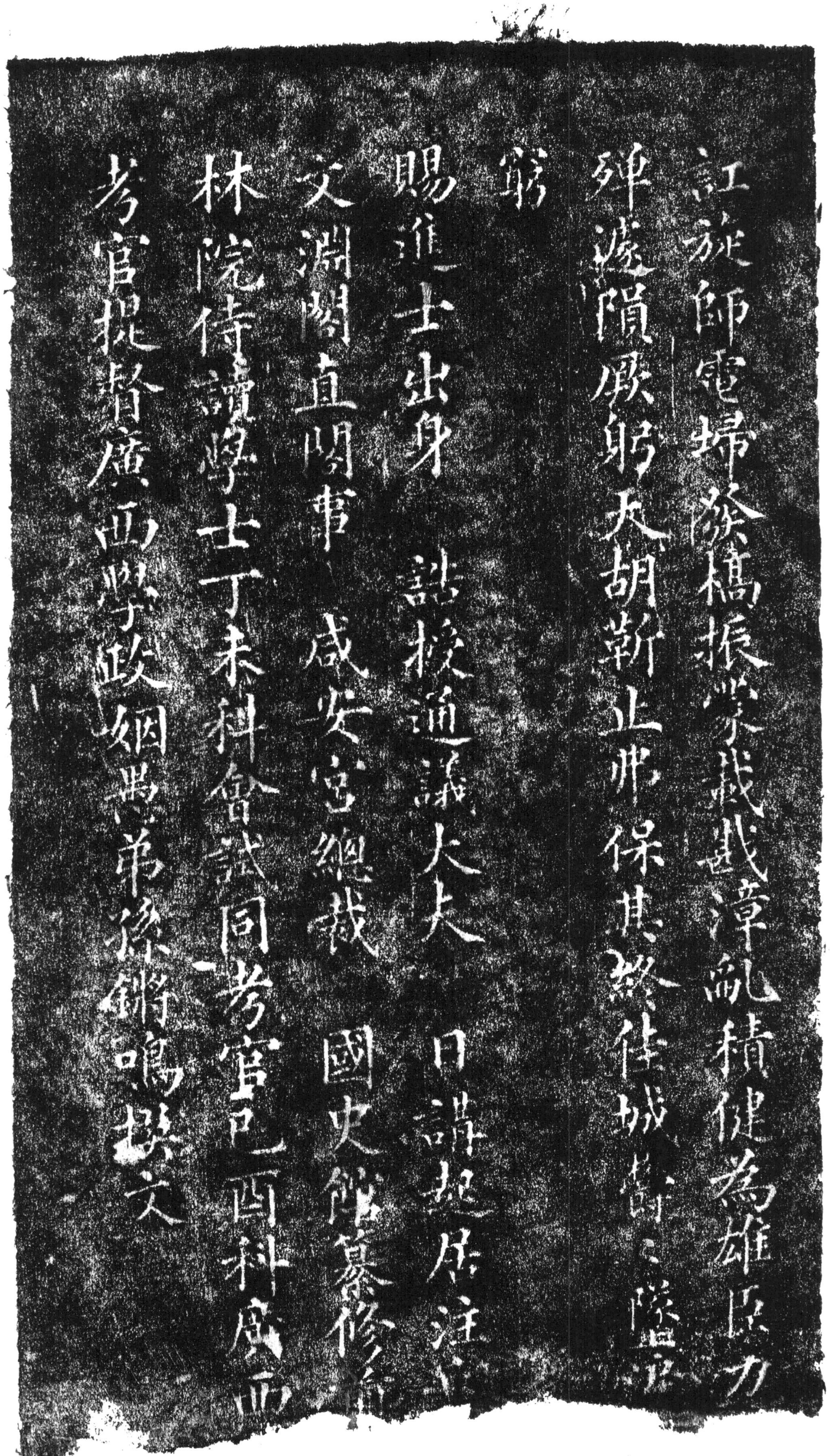

訌旋師電埽潢橋振弊戡武漳亂積健為雄臣力
殫瘁隕厥躬大胡靳止兆保其終佳城鬱〻[illegible]
銘
賜進士出身　誥授通議大夫　日講起居注官
文淵閣直閣事　咸安宮總裁　國史館纂修翰
林院侍讀學士丁未科會試同考官己酉科廣西
考官提督廣西學政姻愚弟孫鏘鳴撰文

誥授通議大夫軍功 賞戴花翎按察使司銜嚴

巴圖魯 記名福建簡用道前署延建邵兵備道

愚弟張啓煊篆蓋

賜進士出身 誥授通議大夫軍功 賞戴花翎

肅即補道前翰林院編修歷署西甯兵備道姻

莊俊元書丹

泉郡石室居刻

清誥封夫人蔡母陳太夫人墓誌銘

光緒甲午中日搆釁我師熸於劉島當局束手割臺灣與講二百餘年藴蓄之區一旦淪爲戎索傷已於時佩節紉義之士捐宅里背邱壠挈家而南泉漳二州之廛轍軌滿焉蔡曉滄觀察昆弟先世晉江人也廬於臺爲巨閥水田百雙第宅雲亘觀簭去利就義復我

邦家時其祖母太夫人之殯猶在於阼扶以
行邁僑寓乎泉且箸籍焉回首故鄉頓成異
國淒涼廣柳之車憫惘枌榆之社播遷之慨
俔地同悲将以光緒二十有五年四月二十
日葬　太夫人於晉江西門外翠屏山之麓
以其先德孝友公及[illegible]父訓導君之體魄祔
焉先期来請銘昔太公藩齋五世皆歸葬於

周君子謂知反本我孔子所爲有首禾之嘆
也覲詧於遷徙之餘以禮事親且遠合乎古
人之誼嗚呼是可感也已按狀太夫人姓
陳氏故臺灣縣西上堡樸厚君之女年十八
歸 贈資政大夫蔡公諱鴻元衹事尊嫜必
敬必戒潔滫瀡侍湯藥以婦職修子事者歷
載無倦容處窮里以和撫孤姪以恩馭臧獲

婢媪以肅以慈戶闥之際雍雍如也家故饒
貲政又好行其德　太夫人助之施饑於
飢寒於纊疢於藥喪於賵葢鄙閭族戚之間
嘖嘖頌賢母者數百家如一口而又知大體
明大義同治壬戌土匪戴萬生倡亂彰化不
守　太夫人命其三子懷緎募勇數百扞圍
鄉里復隨官軍復彰城獲首逆事平第功以

附生奏保知府銜遇缺儘先同知錫父母二
品封典蓋異數也甲申法夷之變全臺纂嚴
太夫人復命其孫觀詧輸巨款濟軍糈越
歲戊子施匪九段煽鄉頑攻彰化援軍道梗
太夫人又飭觀詧赴鄉社開導解散官軍
囙而得達城賴以安大吏於是有花翎道銜
之奬凡諸義績皆子孫體　太夫人之志而

成之此尤士大夫所難而巾幗中不可多得
者也嗚呼可不謂賢哉　太夫人有子五人
長諱懷芳附生候選郎中旌表孝友觀詧之
父也次諱德晉幼殤次諱懷斌附生知府銜
花翎同知次諱懷勳廩生候選訓導季諱懷
淇知府銜廣東試用同知皆前卒女二均適
王孫九人曰占鼇附生花翎道銜分部郎中

曉滄觀察也曰青海殤曰占花附生花翎廣
東試用同知出嗣其卅父德晉曰占梅候選
縣丞曰占瓊軍功六品銜曰占雍國子生三
人皆前卒曰夢花曰占顏皆國子生曰占開
廩生藍翎訓導孫女六長適許次適陳廩生
三適丁附生四適李附生五適李六適林曾
孫十人珪晉江縣學附生國裕國湛淞江泗

均業儒餘务曾孫女十人元孫三人桂蓀桂
恢桂欣盛矣哉　太夫人以嘉慶戊辰三月
初七日生以光緒癸巳四月廿九日卒春秋
八十有六祔窆兩公自有志禮宜銘詞曰
誕良配淑母集女福尚義好施母爭男奇緊
孫緊子蛟騰鳳起紫誥黃封若母酬庸春暉
護背耄期其艾倸幽告終玉弩飛空忍令魂

魄仍羈異域孝孫窺微厥旌克歸首邱無愧
母心則慰翠屏峩峩紫氣英多敬告行路嗚
呼斯惟賢母賢子之墓
穴坐癸向丁兼子午分金丙子丙午
賜進士出身
誥授中憲大夫 欽加知府銜 賞戴花翎
廣東補用直隸州升用員外郎刑部河

南司主事前翰林院庶吉士加二級姻
家再姪陳棨仁拜撰
賜進士及第
誥授中憲大夫　賞加四品銜翰林院修撰
方略館纂修辛卯科陝西鄉試主考
官甲午科江南鄉試監臨官安徽提督
學政加四級愚姪吳魯頓首拜書丹

賜進士出身
誥授中憲大夫　欽加道銜　賞戴花翎廣
東補用知府署廣州府知府前内閣中
書加三級紀錄四次姻再姪陳望曾頓
首拜篆蓋
光緒乙亥年十二月二十三日改葬先祖母於南關外十七
八都洪溪鄉後之山麓穴坐丑向未兼艮坤分金辛丑辛未
承重孫上鼇等謹誌　泉郡石室居刊

嗚呼惟我先考中憲陳公先妣柯氏恭人葬于兹
嗚呼　公殁距今週一稔矣遠日浔卜小子孤艸
土餘生惟隕越弗克襄事是懼斬焉縗經未遑扶
服崩角丐碣誌於賢士君子之門碩惟　先人碩
德崇誼知而不傳奚以追不明不仁之罪用敢質
敘梗概鏤諸隧石嗚呼粤屠維協洽之歲　先恭
人即世　公親營兆于晉江新田鄉侍鳳山之陽
鄉人所謂萬厝山者也程功飭材豫為二坎碩諸

孤而命之曰自汝　始祖滴江府君由閩縣遷永
甯衛泉汝　大父　贈中憲大夫崇庵府君傳世
十三均着晉江之籍　先塋歷厤态故鄉卒廿里
而近吾呂海氛之故奉汝　大母楊恭人避地城
屋遥望舊廬遂隔兩舍道里修阻掃奠不時眷瞻
松楸潸然屑涕鑒曩揆後經營茲山為異日弆魄
之字較之舊鄉經涂迩焉吾以不德未冠在疚汝
生祖妣聶恭人暨汝　大父相繼見背襲藉先

業屛謻愁厲束躳劬學七試於鄉頠弁時違僶得
復失於是慨然無復進取之志泥蟠桃門𣪠傲自
適推膏沃之産以讓同氣傾囊篋之積吕濟知交
捐手足之勞以赴義舉此皆人生當為之事而鄉
評輿論奬飾逾恒循省私衷良增慚恧倘邀天之
鑒施于後人汝曹服古勵修克備世用使吾婆娑
桑榆不獲罪於州里保其膚髮歸骨於斯則吾之
願也小子其勉之志之嗚呼盖　公之立心樹行

實能克踐所言而操履抑戒過之若其見諸行事
施諸鄉鄙州閭則又有表表在耳目間者異昔咸
豐三年永春逆匪林俊攻陷仙遊 公與故光祿
大夫林公國芳請於制軍王靖毅公懿德自募健
勇勦賊楓亭數戰數克既逆燄四合諸軍皆潰群
醜以 公見逆首 公怒立保詈義形於色賊不
加害羈諸別所 公說其頭目反正林逆驚遁
公弁林公始得隸六年四月林逆復合醜類數萬

登攻泉州時鄉袞光禄陳公慶鏞觀察莊公俊元
総辦團練同事效托故先避　公為光禄畫守禦
之策登陴鏖戰两解急圍事平第功首奬為有力
者易置光禄謂　公曰圍城之中共患難紓籌策
俾危疆復安者惟君一人而已酬庸弗及吾深愧
之　公孫謝而退卒無所言同治甲戌倭犯臺灣
故太守章公倬標以　公負鄉閭之望延請總辦
沿海團練規畫措置井然秩然事定撤防而民不

檄章公尤深引重光緒甲申法夷搆釁郡守徐公
震燿檄修郡城　公與故封資政黃公貽檀故編
修龔君顯曾同勸其事兩君先後殂謝公獨力
支拄不費官帑募勸於民裒凡築城牆七十餘丈
堞二千餘譙樓六水關一石礟樓二十窩鋪五十
七馬曆二千餘丈船背工役甄綜纖悉經麻四年
會徐公擢監司　公亦以費絀停工然所未竟者
僅十之一耳摠理義倉十餘年每穀出入必請官

監視值夏烋晒晾盤查輙露立風日中竟事無倦
容工役感其意亦勤慎從公無私無怠蓋耄猶不
以自逸也兩修晉江　文廟或捐已貲或募於人
計工程財計財分募役蒇之日工無盈絀貲無耗
羨而人且不知有土木之事也弟黃公貽檀何君
鴻文重脩晉江城隍廟拓廣增高規制與府廟埒
坐廡像設煥然一新皆　公手自布置其視公事
知私事至於錙銖亦必省嗇以裕公用蓋廉勤又

如此壯歲棄帖括則徧肆涉獵凡星禽壬遁侌昜
刑法之書旁泉彈琴篆刻射鵠諸藝無弗兼綜尤
工分隸得孝廉呂先生世宜師傳探先正格言為
樹人編積書數千卷古字画數十冊軸曰是吾所
以遺子孫者也嗚呼諸孫無似承 先人之訓覲
先人之行誼而浮湛游官不能各自樹立以無
負誨示冀望之殷所為疾首痛心臨穎而涕勿能
已者也 公諱大源字楨士號兩春生嘉慶庚午

六月十二日卒光緒丁亥十一月十八日高壽七
十有八㠯戊子十二月八日合葬於　先妣柯恭
人之兆從　公命也　恭人生嘉慶壬申十二月
十日卒咸豐己未五月十七日春秋四十有八其
葬也　公自為之誌小子孫不敢有所贅　公初
㠯例授通判加鹽課司提舉銜　賞戴藍翎既以
榮仁通籍　封奉直大夫翰林院庶吉士　晉中
憲大夫員外郎刑部主事庶母吳氏　封宜人子

十一人淵添伯紳皆殤棨仁同治丁卯舉人甲戌
進士選翰林院庶吉士改授刑部主事加員外郎
銜棨儀六同治丁卯舉人大挑二等以教職用棨
倫同治癸酉優貢 朝考一等以知縣用加同知
銜棨傳邑庠生出繼三世父先歿次殤棨俊邑廪
生次殤棨儒國子生次瑞生殤女十八長適監生
王經邦次適庠生王晨燿次適都司周啓三次適
翰林院編修贈贊善龔顯曾次適廪生鄭朝勳次

適駱欽明次適候選縣丞黃謀撝次殤次字張大
江季求字孫十三人釗候選訓導次鍚次鋆殤次
銘鎮鍔鈺淦錢鐔鏊錐鍇女孫十七人曾孫二曾
女孫二嗚呼畀不隸尊古有朙訓輒援柳子厚先
侍御誌歐公隴岡阡表之例隸寔如右男榮仁誌
男榮儀書
賜進士出身中憲大夫補用道禮部主客司郎中
加三級年姻再姪黃謀烈頓首拜填諱
泉郡石室居刊

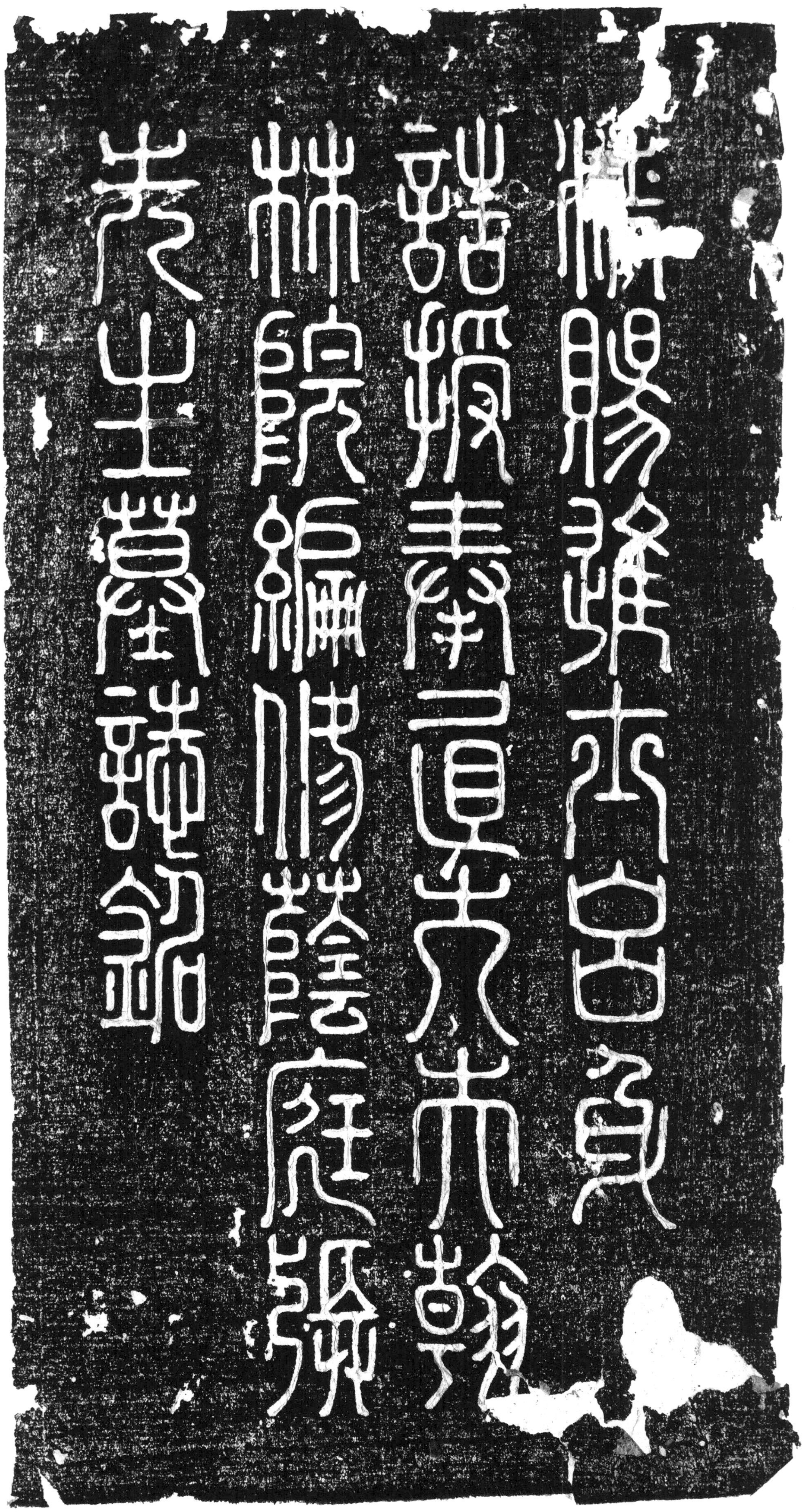
清賜進士出身
誥授奉直大夫翰
林院編修蔭庭張
先生墓誌銘

皇清賜進士出身　誥授奉直大夫翰林院
編修前內閣中書加三級蔭庭張君墓誌銘
嗚呼天胡奪蔭庭之速耶蔭庭別余而南兩閱
月耳抵津有書抵申有書不言病也亾耗猝至
神魄俱碎嗟嗟蔭庭今竟已耶始余與蔭庭並
受知於長洲相國彭公余未弱冠而蔭庭遊[illegible]

[illegible]契兮既厚申以譜盟蔭庭兄事余而余
弟蓄之蓋迨今濱三十年余久宦京師家居日
淺蔭庭以試事數數來都得共昕夕敦夙誼朋
樽文酌彼于此喁致歡也舟車往返時相與偕
嘗聯鑣南下雪夜把臂躋岱頂攬天門日觀之
勝絕大江登浮玉髙峰訪項來破賊舊跡徘徊

荒營故壘間慨然有乘時樹立之志窺其意似
不願僅以文章見者既館選自課益篤寒暑不
稍輟余甚之曰得失有命無過自勞苦蔭遅雖
是余言而究未能從余言也散館甫畢匆匆南
歸遅回甬江申浦之區竟一病不起傷哉蔭遅
少負雋才每試輒壓其偶歲癸亥以拔貢[illegible]

於　廷列一等例得京職竟以病黜甲[illegible]
考中書名在選中俛得復失先後抑於秋試者
七擯於春試者再四度京華兩病瀕苑顧磊落
軒翥之概未嘗少挫益務覽誦攻詞章毅蒩羣
籍才名噪公卿間同治庚午捷於鄉光緒丙子
登進士第十二人改庶吉士兩江制府沈公致

鄉人書曰吾鄉張君魁作當為天下甲人無異
議少司徒吳江殷公教習庶常諗君學拔君卷
第一越年授編修既踐清華隆隆嚮用假歸日
與余訂返朝之期孰意旅次滬壖遘疴没世春
秋四十有二耳君諱端原名梓材字拱三一字
蔭遲又自號曰研谿先世自光州固始來閩曾

祖諱淋　封武德騎尉祖諱彌歲貢生父諱
毓書以君貴　贈如其官母蔡宜人無出繼
母林宜人生三子君序二伯季早夭餘弟五人
則庶母陳出也元聘鄭繼娶陳遷室亦陳氏子
四曰炳文邑廩生曰燧文殤曰炳華庶曰炳國
有女長適余姪孫庠生孫增未笄者三孫一德

堪君生道光丙申年九月十一日戌時卒光緒
丁丑年七月二十九日戌時所著研鉛墨瀋若
干卷藏於家君秀眉慧眼音如銅鐘身幾五尺
而雍容嫺雅不介不流祖若考以孝友聞君恪
襲先志家政肅若朝儀親没後庶弟呱々四十
指以育以教長者已列於庠既貴猶馳書萬里

事〻請命於從兄萃莛少尹於庠是可徵家法
矣余悲蔭庭有著述之才而不克盡其才有用
世之志而未及行其志而又不死之困頓落莫
之秋而夗之飛聲騰實之日天之待蔭莛者其
有意耶其無意耶嗣子炳文將以戊寅年五月
初一日塟君於北關外清源柳洋鄉之麓穴坐

庚向甲兼酉卯分金庚申庚寅郵書泣請余不
忍辭也銘曰
謂是德菲躬飭真修謂是數蹇身登瀛洲不有
其年有夢者天石火電光厄者維賢景星麟鳳
往世弗常與跖而壽邑顔而殤淒又淞流暧又
桐城君魂其東葆此幽扃

賜進士及第
誥授奉政大夫刑部河南司主事前翰林院編
修加二級姻如兄黃貽楫頓首拜撰
賜進士出身
誥授朝議大夫吏部稽勳司員外郎加二級兼
文選司行走前翰林院庶吉士掌教清源書院

[illegible]頓首拜書丹

賜進士出身

誥授奉政大夫翰林院庶吉士刑部河南司主

事加二級世愚弟陳棨仁頓首拜篆蓋

石室居刻

晉江西河王
先生墓誌銘

皇清誥授奉直大夫翰林院編修　國史館
協修雲汀王君墓誌銘
君諱式文字伯清號雲汀姓王氏先世居晉
江鳳與鄉數遷而宅郡城考祖長贈奉直大
夫母呂氏封太宜人君兄弟四人於序在次
總角就傅半歲輒竟四子書苕發穎豎才儁

而學劬帖括翰札之業習焉無弗工也年十
七補邑庠生同治癸酉舉於鄉光緒庚辰大
挑二等以教職用越歲署羅源訓導課廸有
法其邑人有嘉惠士林之頌癸未成進士改
翰林院庶吉士丙戌散館列一等授編修旋
充
國史館協修癸巳甲午派鄉試磨勘官

甲午乙未兩科復分校春闈得士陶世鳳等
三十餘人均有時譽復拜 武英殿協脩之
命請假歸省主清源雙溪書院講席丙申五
月二十有一日以疾捐館春秋四十有四其
明年二月十九日合葬於東門外大坪鄉謝
山官園頭元配李宜人之兆宜人與君同

邑其歿也君年未四十以母夫人之命續婚
福安李大令應奎之女成禮於都門閒歲始
歸廟見喜讀書能詩畫明大義歸君未三載
遽遘閔凶幾以身殉者屢矣姑及戚屬以撫
孤之責重於殉烈婉轉規勸他日諸孤有成
克竟君未竟之志將於是乎在君有二妾曰

孫曰何子四人孝達孝慈孝翰其季孝鎣出
嗣女二長適黄觀察謀烈三子庠生孫堪幼
字余次子籛耄虖予與君里門知舊重以婚
媾聚首二十餘年見君禔躬和平劃舩剢棱
不為圭角廉厲之槩里鄙義事若鄉練漁團
入城籌賑諸役無役不從家居修内行睦族

敦親懃懇不倦待同產兄弟姊妹尤殫恩誼
人無間言供職承明與諸勝流結雪初唫社
以文章道義相摩切所著有韻桐吟館詩草
雜録等書藏於家君以盛年登名第踐清華
操衡尺以裁量天下士其可以光邦家而榮
閭里者衆人於君屬耳目焉而今已矣中壽

未躋大夢遽覺嗟嗟王君而至然耶人莫不
為君慨而謂黃公酒壚之感余其能醳然於
君耶君弟式英以狀來請銘輒於發引之日
臚其族出行誼歷官壽年之槩綴以哀誄用
當銘章詞曰
潮水既沒矣口爰出鐄鐄盛宗昦于畾日齊

雲□粹竺生君侯鸞聲噦噦鹿鳴呦呦勉就
常調身言應選甫飫苜盬旋躋芸館迴翔□
切劉井柯亭點謨窾典巨筆庚庚春官擢英
比年分校桃李盈門炳虎蔚豹挈擕佳耦歸
省慈親承顏繞厀户闥增春云胡不弔奪君
之酷蓡苓無效遽登僊籙嗚呼哀哉君之文

章朗潤清華君之行誼璣璧無瑕不耄不期
未竟厥志懋學瑰才懷之入地嗚呼哀哉誰
答與君賞奇析疑一坏永閉竟我遐遺白曉
千山青春二月送君北邙就其夜闌悽悽雙
轄寂寐岩阿庶幾肹蠁福爾妻孥嗚呼哀
賜進士出身

誥授中憲大夫　賞戴花翎知府銜廣東直
隸州知州陞用員外郎刑部河南司主事
翰林院庶吉士加二級年館姻愚弟陳棨仁
頓首拜撰
賜進士出身
誥授中憲大夫補用道禮部主客司郎中加

三級婣愚弟黃謀烈頓首拜篆蓋
賜進士出身
誥授朝議大夫　欽加員外銜刑部浙江司
主事加三級年愚弟黃摶扶頓首拜書丹
穴坐丙向壬兼巳亥分金丁巳丁亥
泉郡石室居刻

清誥政大夫翰
林院編修且園
吳公墓志銘

晉江黃鶴篆蓋

清故進士及第資政大夫且園吳公墓誌銘

莆田江春霖撰文

晋江曾遒書丹

公諱魯字肅堂號且園晚號老遲又號白華庵

主閩晋江人曾祖呈堅祖璧經父厚宇皆以公

貴贈資政大夫璧經家故貧行義望一鄉厚宇

商涵江〻被盜再被火皆鬻產還債不負人一

錢漳州之亂嘗協濟軍食賑饑民同事獲優敘

不要賞從去人以是高之有丈夫子四公其仲
也公幼穎異五歲就傅端重若老成稍長從諸
名宿學古今治亂興亡之故因革損益之宜與
夫儒先性理諸書皆窮極源委不屑屑教爲帖
括未冠補邑學官弟子旋餼上庠同治癸酉舉
拔萃科明歲考授刑部七品京官俸滿升主事
總秋審公餘益肆力於學書法精絕名噪都下
顧大器晚成光緒丙戌考軍機章京戊子中順

天鄉試庚寅始以進士及第授翰林修撰距選
拔時十有七載而公年已四十有六矣及第後
典陝西試督安徽學又為雲南主試學政官達
矣卒以提學吉林為強有力者所擠召入學部
以丞參用兼圖書館落落不合致仕而去階止
資政科名至大魁仕宦至文衡皆人生之至榮
不可謂不遇余獨慨其猷為有守不獲柄用遂
遭國變而齎恨以沒也公在軍機嘗與修方略

終五歲未請一日假在翰林歷充國史館纂修庶
常教習及撰文聯軍陷天津被舉總軍務處乘
輿西幸追弗及取道襄漢奔行在所為答馬督
三路環攻書及與樞[illegible]瞿公論建陪都襄陽語
皆切實嗣朝議咎當事誤國命諸翰林講實用
所著論說中國積弊東西政策尤瞭如指掌其
典陝試則拔取多老宿典滇試則兩科並舉一
手校閱闈藝出滇人比之廣陵散安徽學政有

免搜檢陋規數鉅莫能革公至則峻却之衡文
每去取一人必反覆移時尤以振興文教為己
任前後購紫陽藏書增東山膏火倡建詁經規
復翠螺兩書院捐廉約五千有奇餘尚不在此
數鄉試代監臨適中[illegible]違和徵調驛騷兵役擠
松江士下水衆怒且不測得公一言而定皖人
德之為額其堂碑於署左滇學歲滿留復任新
法初變文風不競公乃合舉貢生童月試而優

獎之以為之厲及詔停科舉考學堂公復條上興學四策請裁學政而專責督撫去滇之日士紳為樹德教碑於林文忠公去思碑之右吉林之初設提學使也諸事草創公甫至即捐五千金為倡文廟體制不稱議改建公復首捐一千六百金在任僅一年有半自小學師範方言實業法政模範諸學堂以及中學女學依次而立日涖一校必刺取先賢言行為諸生諄諄講解

中學以上並講兵學日人佔試院巡撫朱家寶
及交涉司不敢過問公徑詳部並移書日本文
部外部爭甚力吉紳松毓己無二差復夤緣朱
撫札委學務議長公拒弗與松被訐訟東督委
公查亦不以中丞私人稍回護士之碑頌不減
在皖滇時嗟乎中國自變法以来廉恥道喪賄
賂公行朋黨羣引布滿要地競爭於權利徵逐
於游戲酒食天下事不以關其心交涉務媚外

以偷旦夕安及事關內政則利之所在取豪
奪壓制惟恐其不至馴至民窮財盡天怒人怨
國家將亡而猶不覺悟流毒至今未已也令得
如公者數輩相助為理勵精圖治賤貨貴德節
用愛人中外輯和民心固結國雖弱必不亡即
亡亦豈若是速哉此則後漢之所以傾頹而諸
葛亮之所為歎息痛恨者矣公內行尤篤資政
沒時公在京師聞訃歸一慟幾絕卜兆域日步

行數十里不倦太夫人以上壽考終公年五旬
餘猶作孺子慕哀動行路以祿養未及而父沒
每服珍異未嘗不流涕泣下三弟沂堂早逝孤
子鍾謨復夭撫其子與子孫無異遇朋友事不
合義尊長無所屈而[illegible]恩周摯陝士董孝廉春
綵游幕卒獨贈四百金歸其喪生平慷慨多類
此宣聖所謂順親信友君陳所謂孝友施於有
政者觀於公益信所著有蒙學初編兵學經學

史學諱義教育宗旨簡著各兩卷國恤恭紀一
卷文四卷百哀詩兩卷讀王文成經濟集書後
六卷使雍皖學滇學西征東游諸日記綜十餘
卷公生於乙巳七月十一日卒於壬子八月
二十八日享壽六十有八元配盧夫人性樸而
勤繼室王夫人治家有法門以內秩如子男五
鍾鑑太常博士鍾銘訓導鍾庸同知銜鍾善副
貢經濟特科二等廣東州判鍾勳前卒女二長

適曾次殤孫男十頤林瓊林淮林溶林普林旭
林雯林和林章林竹林孫女八其孫卜以癸丑
一月十三日葬公於邑之儒林鄉馬鞍山遺
書来索銘余於公為翰林後輩交甚篤而州判
君又與余為忘年交弗獲謹為之銘曰
苞有蘖斧無柯風景殊泣山河滄桑世變古
始此天實為之謂之
穴坐癸向丁兼丑未分金戊子戊午

清誥封夫人吴母王夫人墓誌銘
南安吴增拜撰文
晉江陳棨拜書丹并篆蓋
晉江殿撰肅堂吴先生之繼配王夫人者徵士
鍾善之母也原籍皖之懷甯赭冠之亂移居都
下父懷祖公推其生辰干支甚異之逮先生主
政秋曹書名噪輦轂下公一見以大魁相期於

時夫人年十八遂召歸爲事先生垂四十年搢
置内外動有禮容老而不自暇佚先生出直樞
垣暫脱學勤於職事爲時其食飲寒煗出安嘗
自晚歸里奉千食爲姑張太夫人壽太夫人咲
曰吾老矣靈需此盡蓄爲燕生婚學費燕生鍾
善小名也强至再輙謝不敢則親至太夫人洎
前夫人盧氏外家爲出薄置田產迄今兩氏均

稱為京城夫人云太夫人耆秌高艱於步履起
屈服食待之呂安先生呂省覲歸逾年而太夫
人卒附身之具皆為夙嚴服闋復遭靈夫人之
喪時食指衆事綦繁夫人已一身擔荷之復時
舉生平見聞所經隨事為諸孫勸戒必盡其義
乃止其後先生服官滇吉丞叅學部則遺諸子
隨侍而家居操內政精勤過人然已勞勩甚矣

宣統辛亥先生假歸遂遭國變明年遂捐館舍
時局日棘家復中落黽勉夙夜以不隤其家聲
夫人寔有力焉歲時烝礿及高曾以來忌日觴
豆離煥必潔必豐曰此先姑所嘗致愛也姪鍾
謨早孤翼之以至成人復不永年撫二孤視諸
孫曰此先公篤於同氣之遺意也先生嘗以夫
人克媲其德靈夫人卒之為繼室後遇覃恩請

封姑例於是內外戚屬咸嘖嘖頌夫人之遇之
榮非倖而致而先生之以第一人及第也懷祖
公猶及見之於是又服其星命之學之精而衆
証朕以夫人歸爲令妻老爲賢母雖得天之厚
果有以異於人亦其植德不懈而克載其福焉
耳矣後先生十六年卒爲民國十六年丁卯正
月十一日丑時距生前清咸豐十一年辛酉三

月二十七日卯時享壽六十有七子男五女二
盧夫人出者鍾鑑太常寺博士鍾銘候選訓導
前卒鍾庸同知銜女適曾夫人出者鍾善副貢
生經濟特科二等廣東試用州判鍾勳前卒女
殤孫男十二頤霖瓊霖前卒滙霖溶霖普霖旭
霖雯霖和霖章霖竹霖慈霖儒霖孫女八曾孫
男七紫昂紫巖紫洪紫玉紫泰紫鶴紫華曾孫

安二歲以卒之明年戊辰八月二十四日安厝
於本邑二十九都涵江鄉廣孝洋直其家南里
許鍾善與增交莫逆具狀素銘婁為出銘曰
吾宗先哲碩寔洪聲亦有令子摛藻天廷歸崇
夫人配洪貽祉擷馨振華以告彝紀
穴坐辰向戌兼巽乾分金庚辰庚戌

泉郡觀悚巷
石室居刻石

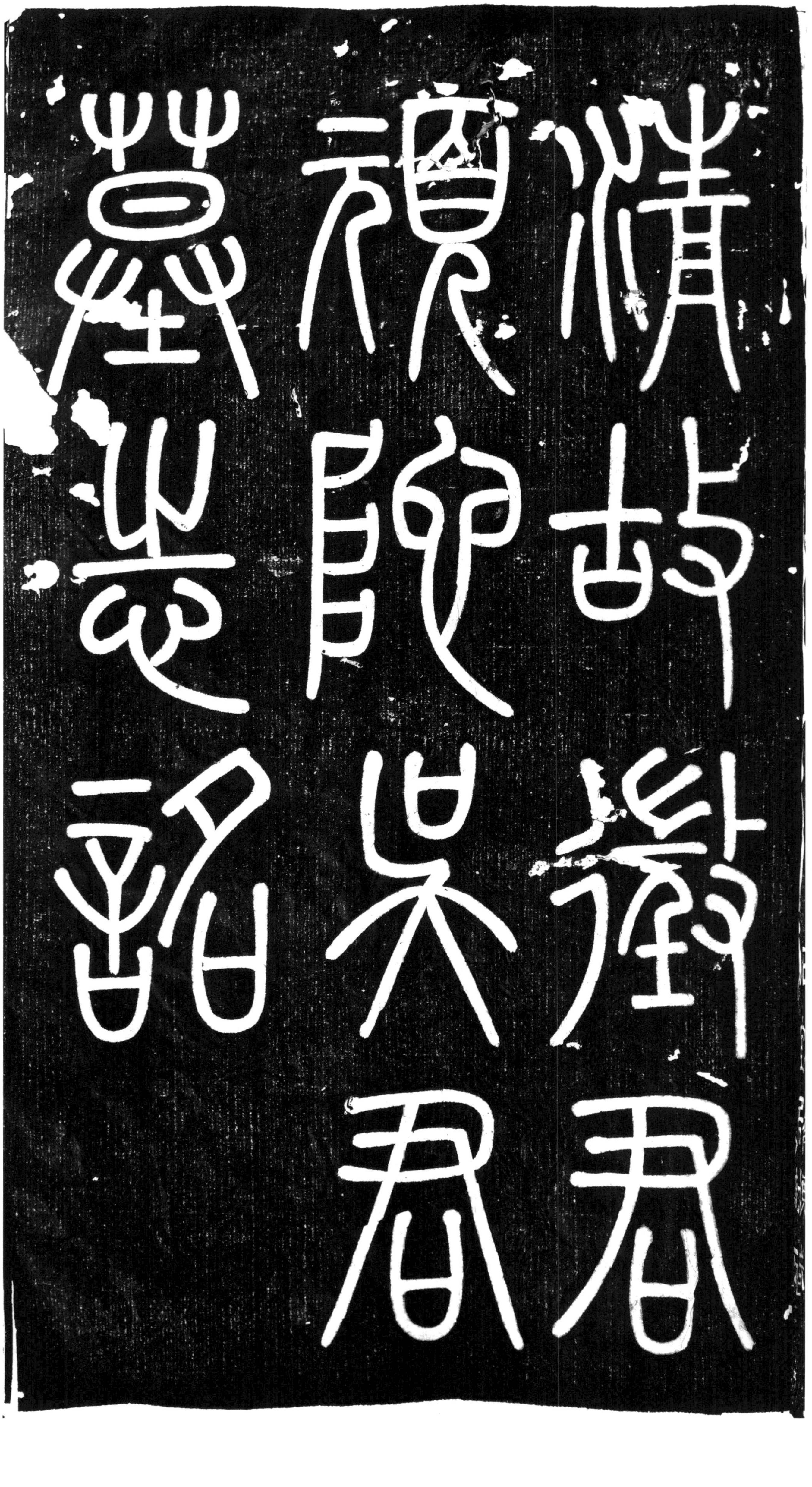

清故徵君頑陀吳君墓誌銘

南安吳　增撰文

晉江曾　遒書丹

晉江蔡穀仁篆蓋

我泉自唐宋以訖於清以古文名家以詩詞名家以金石書畫名家者往往而有然率業有所專優於此者或絀於彼若兼各家之長為一家數歸老山海間寂寂無所知名而不悔者厥惟我友頑陀徵君一人而已君為殿撰吳公季子母王夫人家北京生君於京邸幼穎異殿撰公督皖學挈之往在署從佛生胡公讀書偶成

短章大為胡公所歎賞十七補弟子員旋補廩生光緒壬寅補行
併科鄉試藝絕佳揭曉得副舉人復入都受業於諸城徐公埥癸
卯開經濟特科南海戴文誠公以君應詔廷試二等文名大震嘗
所受知師皆以大器期之越年省殿撰公於滇南復侍遊於日本
宣統庚戌始以州判分發廣東親故歎惋謂若在康乾之時特科
則詞林之選也君夷然就道既抵粵奉檄司榷石門石門者晉廣
州刺史吳處默酌貪泉處君乃大喜益淬於學不以吏事奪其稽
古之力辛亥夏殿撰公給假出都居滬上即投劾歸侍明年春隨
之回籍未數月殿撰公沒於里第於時日墜虞淵復慘遭大故哀

痛幾不欲生苦處里廬絕不與人事相接久之乃應林姓聘渡臺
灣為之課授經文復以其間刊印殿撰公正氣研齋彙稿及百哀
詩庚申重至燕京訪王夫人外家而於臺見同化日久遺民老矣
年少者無復故國之思於燕見寥落古宮輒抱荊棘銅駝之痛感
時撫事幾難為懷自是一至申江即杜門不出惟以色養為事迨
王夫人沒後遂絕迹城市比年郡中諸舊友踵桐陰韻事創立弢
社亦僅以詩筒往復未嘗一至也性孝友篤於內行王夫人晚歲
多病易怒屏息侍疾無倦容沒時君年四十有九猶作孺子慕昆
弟五人惟伯兄在噓寒問暖老而益虔嚴事諸父撫教諸子情意

甚至宗譜久逸力為纂修復參考眉山蘇氏寗都魏氏成法著為
譜例付梓公諸族人親家丁君子瀾外舅丁公遜龍兩家中落或
經紀其喪或收養其子鞠其孫如一家然自殿撰公没後即絕意
進取秋浦許公世英巡按來泉造謁師門要之赴省卒不往當道
議修縣志將任以總纂亦力辭不就生事資諸筆墨蓋君之意以
故家之後必甘於淡泊始無玷先德故深自斂抑不欲有所表見
也其治學日有常程每讀一書沉潛反覆必歷數月平生遊蹤所
至往往採其風土謠俗發為詩歌無慙大雅滄桑以來每有所作
則多激楚愁絶之音莆田江杏邨公惜其生不逢時巍科未掇制

舉先廢監州小試而天下且遭鼎革之大變言之痛切矣君諱鍾
善字元甫頑陀其號又號荷華生別署守硯庵主亦曰桐南居士
世居晉江縣治南錢塘鄉高祖諱呈堅曾祖諱璧經祖諱廷選并
贈資政大夫考諱魯翰林院修撰歷任安徽雲南學政陝西雲南
主考吉林提學使學部丞參堂誥授資政大夫高祖妣氏林曾祖
妣氏賴祖妣氏張妣氏盧并贈夫人繼妣氏王封夫人配丁宜人
子男四晉霖旭霖和霖儒霖女三長適丁前卒次適楊次適莊孫
男三紫函紫鎮紫鈞孫女二晉霖識義理能文章君沒之七日歸
自菲利濱搜集遺稿凡君自編次者曰守硯庵詩草四卷石門詩

草二卷寄鴻吟社詩草一卷東寧詩草二卷題畫詩一卷荷華生
詞二卷詞比一卷詞約四卷其屬稿已定而未編次者普霖輯為
守硯庵文集四卷詩集二卷題跋四卷弢社詩課二卷家書二卷
皆藏之家君既耽於詩古文詞亦喜臨帖尤好寫經得晉唐家法
間畫山水亦渾厚有韻篆刻尤工嘗自作印章數十顆見者謂近
人趙撝叔吳昌碩不能過其於文人藝事殆無一不能亦無一不
精也君於民國二十四年乙亥八月十八日以微疾卒距生清光
緒五年己卯六月廿四日春秋五十有七將以越年丙子二月廿
一日祔葬於涵江鄉廣孝洋王夫人塋左普霖先期具狀請銘予

與君交情之篤人所共知文行遠不逮君而年長於君老且多病
意當屬君以身後之文乃轉銘其墓耶人事之不可知如此可悲
也夫銘曰
龍以雲為天鯤以水為天失其天不如蛭螾之蜿蜒如君之大廷
對策噓筆墨為雲煙行且乘之造其巔天柱一折墜而濟諸淵
遂不飛不躍藉著述以窮年默默而守我太玄嗚呼惟其玄也故
能賢藏骨於□山不騫
穴坐辰向戌兼巽乾分金庚辰庚戌

泉州石室居刻并印

清故朝議大
夫刑部主事
祝堂黄公墓
表銘

清故朝議大夫刑部主事祝堂黃公墓誌銘
公諱搏扶字通材號祝堂黃氏晉江人曾祖庠生
李英祖庠生魯玉父繼元竝贈朝議大夫曾祖妣
氏陳祖妣氏蔡妣氏蕭贈恭人生妣氏孫封恭人
始家貧甚贈公業商中躓公年方稚已能勵志劬
學既又即家授徒入脩脯以供養同治癸酉用廩

膳生選爲拔貢生復中是科舉人明年甲戌成進
士以主事分刑部浙江司於是年二十有六歸拜
其親閭里以爲榮旋遭贈公喪尤以禄養未逮哀
毁幾溢於禮服闋以太夫人命入都職司清簡益
以其閒肆力於學復分讀書之隙以讀律充秋審
處總辦多所平反敘勞加員外郎銜又嘗記名軍

機章京旦夕且傳補矣聞太夫人嬰疾遽請急歸
公以報國日長報親日短又一至京遂告終養於
是年方强仕也寅僚朋舊每益惜焉然太夫人起
居食飲非公在視常若不歡即公一日違晨昏亦
皇皇焉如有所失如是者逾十年而太夫人告終
哀禮備至如喪贈公時兄弟四於次為仲事兄恭

教季弟摶雲董督如嚴師既舉於鄉而旋卒撫其
孤愛逾所生兄女嫁丁氏早寡終其身佽之必給
其於戚友孤者嫠者夙問莫勤尤有恩禮或為立
後以延世祀公之篤行而植德蓋如此其為人溫
良樂易敦懇自將不峙聲名以譁世亦不苟同於
人而為翕翕熱至國計民生利病所在則不辭勞

怨而任之始終光緒乙巳郡災於水公與諸士紳
勸募巨款全活無算事聞褒公三品封典庚子聯
軍之役東南震駴譌言朋興郡守鹿公學良資公
聲望舉辦團練地方以寧科舉既廢郡中創辦中
小學校參酌新舊溝通中外其規則多公手訂膺
其職者以有所守而爲後法甲乙兩縣胥嘗有所

争而訴於郡郡守某公公故也或奉千金求為之
地卒嚴斥而峻拒之人尤以為難滄桑以後則又
一切謝絶鎮守閫帥踵門禮謁至再三或竟不得
一面日以圖史自娛庭院雜蒔花木而尤喜種菊
官秋曺日重陽前後必命駕之花市輂致數百本
區別種類自為標署比家居好之尤篤歲於花時

傍籬開尊侍太夫人遊讌竟日其後太夫人歿且
久矣酒邊花閒往往黯然泣下公遭逢平世綺歲
登朝循資序致通顯非難也履之而旋去遯焉而
無悔惟以自力於門以内為事既丁國變復皭然
完其所守近世士大夫以官為家使為其親者博
封誥之虛榮而受暮年枯寂之苦況公於是為尤

不可及矣公生前清道光二十八年戊申八月二
十五日巳時卒民國二十年辛未六月十七日申
時春秋八十有四配恭人蔡氏側室陳氏子二祖
堉增貢生蔡恭人出祖培泉州中學校畢業生陳
孺人出女四適候選知事楊經庠生傅梓庠生吳
澧中國大學畢業生陳仲杭孫男三銓卿純卿均

泉州私立中學校畢業生祖堉出沂鄉祖培出孫
女四適楊適吳餘未字曾孫男三聰琠聰璟聰瑴
曾孫女三將以壬申年四月初四日葬於臨漳門
外嶺口鄉黃山之麓穴內坐辛向寅外兼庚甲祖
堉先期来徵銘既辭不獲鍾善年十二三侍先君
官京朝謬以年家子辱知愛嘗侍公移菊又嘗侍

奕今執筆而為公銘亦且年踰五十興懷身世慼
焉如擣於是為叙而銘之銘曰
有晉高士種菊東籬公於平世老圃華簃匪佚之
私匪仕之褰晨葩夕英娛親於晚以身易物生身
者誰親年不百浮榮一時歲月幾何秋風換世回
首義熙公早墓搢晚尤静曠挹沖養和精神矍鑠

山斗巍峨法從仙韶言歸兜率峙銘幽宮以訊無

卒

世愚姪陳　蓁頓首拜篆蓋

年愚姪吳鍾善頓首拜譔文

世愚姪蘇鏡潭頓首拜書丹

泉州成文齋刋

故晉陳君墓誌銘

宗世愚弟陳 蓁拜篆蓋

起吾陳君墓誌銘

君諱育才字澤山號起吾曾祖諱英敏
祖諱祥雲考諱少逸本生考諱植槐世
居聚津里為晋江人兄弟三人敘次性
剛直能任勞怨於邑中文獻搜輯甚力
年二十六為邑諸生三十舉於鄉國變

後士氣甚頹君侃侃然守正不屈撓凡
黌宫專祠名刹古蹟溝渠道路政俗民
生有侵害之者雖甚艱鉅必稽舊籍與
争争之必得直乃止以此幾得禍者數
亦頗為時俗所詫異而君孤行其志不
為悔久之出宰南邑歷數月邑民便之

卸篆後逾年病沒沒之後卒莫肯爲君
之爲者而後人乃歎息以謂自令後無
復有憂地方之憂事地方之事者已是
所謂死之日而是非乃定也生同治癸
酉六月二十六日卒民國丁卯三月二
十二日春秋五十有五配張宜人子男

四盛昌先殁次盛明娶予長女次盛文
殤次盛智女五長適黃次適曾殘次適
梁次適吴次未字男孫一世芳盛昌出
女孫一是年十一月初十日葬於本邑
塔后鄉之原穴坐癸丁兼丑未銘曰
嘗得君遺冊於古正人言行則以硃筆

作鐵圈往復識之若有餘慕於僉壬則
勒之乙之若有餘怒蓋好善嫉惡天性
然也嗚呼不能於人而能於天此世之
所以多迕而君之所以為賢乎

年姻弟吳增拜撰

年愚弟曾遒拜書丹

游藝居

第二册

閩人志銘拓本集 二

05824
藏书

清誥授光祿
大夫前吏部右
侍郎黃公墓誌

翰林院庶吉士年再姪龔顯曾頓首拜篆蓋

清賜進士出身 誥授光祿大夫 賞戴花翎前兵部尚書 欽
差大臣兩廣總督調任四川總督吏部右侍郎兼署兵部右侍郎
軍功隨帶加三級先考黃府君墓誌
嗚呼我父埋冤九土此冤未伸天何聾瞽誌曰父諱宗漢字季雲
一字□友號壽臣晚號望雪老人黃氏世居泉之法石鄉遭寇亂
譜牒散失今所知者自靜齋傳至邦直為七世邦直子世熊世熊
娶於倪由法石遷居郡城集賢里生樸園公諱宏龍妣氏王生毅
亭公諱耀彤妣氏王生修庭公諱念祖領嘉慶辛酉鄉薦設教里
郜從游甚盛嫡母氏紀生母氏鄭自樸園公以下皆以府君貴贈
光祿大夫內閣學士兼禮部侍郎加二級妣皆贈一品夫人嘉慶

八年八月十八日寅時府君生第居六幼而聰異七歲修庭公捐館易簀前一日府君猶於膝前背誦爾雅儀禮不遺一字既孤受伯父退巖公教養勤苦刻勵至於成人事兄如父出告反面小不稱意吉郎恐懼無所容迨受官跡不命之坐不敢坐在都接退巖公凶問哀痛逾常招魂設奠猶三年喪後歷官所至遇難决事或將遷擇必夢退巖公蓋至性相感如是也十一歲讀遍諸經能屬文丁丑丁鄭太夫人憂庚辰考取古學佾生第一尋丁紀太夫人憂癸未督學沈公維鐈歲試取古學第一正場面試取入晉江縣學第一明年科試拔高等又明年鄉試中副榜文譽日隆然自乙酉以後困棘闈者十年寢饋於經史筆耕外未嘗妄預一事甲午

舉於鄉典試吳公鍾駿謂閩中經學素著必有淵雅之士令各房
補薦經文於是得府君卷深加擊賞遂以殿榜乙未聯捷成進士
入詞林散館改官主事在兵部七年遇事務持大體不能將順長
官意前後值大司馬者多不合惟卓公秉恬裕公誠深相器重壬
寅以御史出署裕公嘆曰好手去矣吾何賴巡城兩次訊斷公明
盜匪斂迹居民至今猶頌晉江黃給事云數上封事多所彈劾雲
貴總督桂良昏庸廢事然其女為親王福晉勢驕貴無敢言者府
君獻疏糾之
宣廟嘉納乙巳給事中俸滿授廣東督糧道先是廣東盜賊充斥
府君曾疏論語侵該省大吏至是外放謝

恩諭曰右司意見不合監司大員例得專摺奏事汝毋疑畏及祗
粵大吏果事事相難奏委查辦通省保甲嚴責成效府君詳定章
程搜捕勤察水陸盜風頓戢會外夷有入省城之議與百姓相持
不下大吏意在從夷府君意在順民見益相左遂調補雷瓊
名為要缺而孤懸海外實通省瘠苦之區人多畏避府君安焉於
教養諸大政罔弗具舉嘗祈雨立應都人士爭為歌詩紀之曰奇
甸甘霖頌後升臬司去瓊又咸歌詩以送曰瓊島攀轅集與在瓊
政蹟胥於二集見之矣己酉以臬入都
召見四次問經何人保薦對臣到粵經耆英奏調雷瓊道
上曰此如何是保想汝之辦事與當科道無異誰肯為汝說好話

令是朕特地升汝汝看徐廣縉條朕用的他辦夷務果然不錯朕
可謂用得其人難道汝不能為徐廣縉乎睨安之日
上曰記汝為御史參過桂良好不怕得罪人奏稿必尚在豈真避
人焚諫草乎朕願汝無改面目勉為國家棟梁
天顏温霽至勉為句重複言之山東舊有騎馬賊剽掠之案至冬
尤甚為更定巡緝章程籌費派員認真督辦境内肅清為數十年
来所未有庚戌調浙臬吴文節公特疏薦曰廉以持躬勇於任事
以誠懇待人以嚴明察吏實事求是詳慎精勤可膺重寄入都蒙
文宗顯皇帝召對六次對輒邀音曾詢糾參桂良事未幾擢甘藩
浙有詁經精舍膏火不敷捐廉充補俗多停棺暴露諭令速塟勸

同官共捐廉俸買義地助貧民瘞資甘肅蘭山書院亦乏膏火裁
辦公無名之費益以己俸得欵巨萬計息以資膏火及公車路費
士林感之前總督琦善審辦雍沙番子搶刼之案情節未符府君
與易廉訪棠奉
命覆訊獄得其平先授雲南巡撫未抵任調浙江值粵逆竄皖方
張東南戒嚴漕運斷絶奏請創辦海運以濟京倉既上海失守漕
運又梗乃開濬劉河議運米百數十萬石時鄰封多故府君不分
畛域徵兵籌餉為各路軍營所倚賴賊屢窺伺浙邊以堵遏嚴終
莫敢犯土匪亦多乘間竊發李庚六李幅六倡亂台州趙四喜趙
聯喜倡亂於潛昌化張金山陳富春洪世賢謀反甯波他若嘉湖

界連江南皆有匪徒效尤抗糧拒捕均立就撲滅全浙以安叠蒙
硃諭嘉獎有朕與汝精神相注如日追陪之語甲寅二月奉
上諭浙江巡撫黄宗漢自簡任以來辦理各路防堵不動聲色措
置裕如督辦漕糧海運亦極認真上年剿捕台州及杭州之昌化
於潛並甯波各處匪徒與現在嘉湖兩屬聚衆抗糧匪犯均能立
時擒獲辦理甚屬妥速地方悉臻安静歷覽該撫奏報精詳之至
毫無瞻顧深堪嘉尚著發去朕書忠勤正直扁額一面賞給黄宗
漢該撫領朕所賜御書不必作獎勵觀作紀實觀朕尤願汝慎終
如始以成一代之名臣欽此謝疏有云欽遵恩誨奉作箴銘又蒙
批答汝尚未深悉朕意仍看成訓戒之詞一時臣工寵遇之隆未

有出府君右者府君自爲監司至封圻廉俸所餘悉用惠士民捐
備軍餉於京僚近侍歲旹饋遺之禮多缺焉前此府君因捐輸得
花翎及海運敘功仍得花翎無異奬至是
上將頒賜忠勤正直扁額令樞廷擬
旨以上其格外褒嘉之處皆出自
特筆並給改稿閱看嗚呼府君居官梗概上惟
兩聖人知之信之下惟士庶民感之悅之更何暇旁計毀譽然自
恩眷益隆料惎者必日甚中情鬱鬱深恐有負
聖明每治軍書理案牘手批口判動輒夜分忘食達旦無眠海塘
沖決親在工次感受風潮手足麻木浮腫腦後一瘡腫潰有勸息

勞善養者府君以昔事多艱不敢引疾營軍門紹春曾因病乞[illegible]
上傳温諭强起之府君受
知尤深計惟鞠躬盡瘁已耳素誠慎凡章奏無假手病至不能握
管内許久無奏報不得已囑幕中具稿將公務病狀先咨軍機處
領樞務者即今謚政恭親王據咨上聞責為非是交部議處若弗
知其病也者而府君滋懼矣適有任滿二君善醫服其藥病減終
未脱然丙辰在川督任舊疾復發遇孫君子廿醫治得效而焦勞
過度精氣自此已虧猶勉力支撐示若無病方府君之擢川督也
張給事脩育奏言浙江地方繁要大吏未便更易奉
上諭黄宗漢在浙江巡撫任内辦理各路防堵督辦海運漕糧及

緝拏各處匪徒悉臻妥協朕嘉其忠勤久欲畀伊無圻重任是以
于裕瑞撤任後授為總督朕簡任封疆大吏無不為地擇人權衡
至當若紛紛奏請未便更易大吏尚復成何政體等因欽此張公
蓋以府君為東南保障宜久留故有是奏上海為賊踞浙中兵勇
與蘇營會剿未克府君設法斷其接濟乃奏捷
詔交部從優議敘照一等軍功例加三級乙卯到蜀任謝摺內
硃批朕保汝實稱川督治蜀之難無異於治浙吏治積疲已久前
總督被劾去府君至嚴束傔從裁一切漏規平反冤獄數十起各
州縣錢糧津貼多徵少解徭役苦累閭閻均為懲辦一旹吏怨少
恩民懷大德西夷互爭駐藏大臣請以兵臨

上命成都將軍往征飭為籌兵籌餉府君曰毋庸蠻觸相鬥可一
言開釋奚大舉為奏止之西藏果靖湖北請濟師府君曰繼餉可
耳川兵銳者已調出以老弱往不如就地多募楚勇為愈也貴州
苗逆思竄蜀酉陽忠州有盜起皆密謀定之尋蒙
召來京降補內閣學士署刑部右侍郎兼署京尹理平糶通錢法
弭蝗患當言則言當行則行
上仍嘉悅因粵東不靖授以欽差大臣關防督粵
召見十一次陳制夷方略請勿輕聽和議宜許廣東紳民自集團
練討夷衆志成城痛加剿洗斷不可稍為遏抑並薦羅侍郎惇衍
龍太常元僖蘇給諫廷魁堪膺任使

上悉從之惟粵省失後署督柏貴將軍穆克德訥均與逆夷共處
受其挾制示禁民間不許妄動還議開港通商希圖了事廷議和
尚責柏等畏葸無能專信官紳合剿之議後又以柏等已與開市
通商嘆咈兩夷到津哦咪兩夷出為說合不許粵中開戰意主調
停另派桂良花沙納等赴上海辦理和局然夷情無厭總以府君
在粵有礙講和其與桂良言必須裁撤黃制軍並三紳士方能和
好桂良等允以奏參疏三上畧曰嘆酋額爾金總以未撤兩廣總
督及三紳等詞嘵嘵不休奴才答以聞得兩廣總督近有自請陛
見之說又聞有將與他省對調之信何不暫待該夷總難釋然看
此情形若黃宗漢久在廣東決不免於事又云該夷堅執已見

以為不將該督與三紳撤去即不能與議事意甚悖悖己督同
臬司薛煥設法婉勸並擾潘仕成云該督既不能順夷情又不能
愜民心廣東紳士有名無實偶殺該夷數不要緊之人轉致夷人
報復燒壞民房並殺百姓多人實屬不值初
上未之許仍諭令粵中聯絡紳民以資保衛正籌劃得力之際桂
良等又以廣東民夷互鬥滋事致礙和局為言實則彼等在滬日
久一意求和而和益不就乃諉過於粵中屢請
聖明誤聽冀從其說該夷或可就我範圍因奉
諭旨自來撫馭各國一秉大公從無設計暗害之事自葉名琛失
事後命黄宗漢為兩廣總督接受欽差大臣關防原以保守疆土

即侍郎羅惇衍等激於義憤練勇自衛亦紳士應辦之事迨桂良
等在天津和議已成該國雖尚未交還廣東省城但能約束兵丁
不擾居民自可相安無事乃有偽造廷寄令羅惇衍等與該二國
為難以致咲國疑慮著黃宗漢嚴拏偽造之人盡法懲辦使各國
皆知我中國辦事光明正大一經定議盡釋嫌疑至上海現辦通
商事宜與廣東相距較遠著即授兩江總督何桂清為欽差大臣
辦理各國事務所有欽差大臣關防著黃宗漢派員賫交何桂清
祇領接辦欽此既撤關防該夷猶恐府君久任總督蓋府君實主
不還城不通商之計夷心恨之而裁撤一督三紳之請未遂其願
該夷憤極住粵之吧嗄嘽竟率兵攻毀練局練勇因朝議剿撫無

定且曠日經費不敷多解散在上海之顧爾金聞僧王天津設防
嚴密恐不得逞志於北思先洩忿於南即回粵謀剗惠州府君行
營如昔年劫葉相故智幸有備兵船至七洲洋復為風浪摶擊不
得進嗣夷酋知府君無權且注意北方惠稍解粵境舊多盜自夷
釁開後土匪日熾竄擾一二十縣均發兵剿平江西之賊入樂昌
龍川福建之賊破大埔嘉應而攻興寧湖南之賊由連平韶州至
龍門統計十餘萬衆遣阜公興援潮州嘉應遣張公敬修海公廷
琛規復龍門樂昌而親統標兵進紮龍川數戰殺賊幾盡未五旬
而諸縣皆復內境肅清桂良等求和不得縱夷船入津而謂和局
將成粵實敗之以澈

上怒遂派怡王載垣鄭王端華就津議和而調府君為四川總督
令即行來京抵京後改為候補侍郎勅府君在粵接同鄉林公壽
圖書云自海氛多事彼所畏者吾鄉兩人昔之林文忠今之閣下
願加努力盡所能為是中外所屬望也及粵事無成府君覽書每
以為愧四川為府君舊治聞再蒞民喜而吏愁及不果來吏歌而
民哭己庚之際蜀大亂葉吏部毓桐等十有三人請臺諫代奏命
府君赴蜀督辦團練其詞曰侍郎黄某前在四川總督任内廉直
忠勤輿情愛戴勸捐辦團著有成效全境悉臻安堵去年春復奉
旨補授四川總督民間皆鼓舞歡欣引領而望以之督辦川省團
練民心既得自可衆志成城大有裨益摺奏不許府君候補一年

雖身居局外無日不以國事為憂[illegible]申[illegible]月逆夷逼近京師疏陳
戰守諸畧蒙
召見詢前辦理情形府君將求[illegible]者一誤再誤據實奏聞蓋府君
由粵召還至此始得一攄忠悃
天心悔悟而事已無及僧王大兵屢戰屢潰
上幸[illegible]蘭都城危急卿僚紛紛引退始以府君補吏部右侍郎恭
親王與桂良等釋放吧嗄禮開城迎寇與立盟約府君皆不僉名
與議其僉名與議者慙於色而嫉於心嗚呼三字之獄從此起矣
先帝宵衣旰食十一年憂勤[illegible]疢詎意逆夷復肆闌入畿疆
聖駕暫時巡幸俯[illegible]桂良等辦理和局亦出於萬不得已迨都門

稍定府君與諸臣列銜奏懇回鑾而
宸躬已違豫庚申二月臣工聯行疏懇奏
硃諭咳嗽不止紅痰屢見非靜攝斷難奏效除明降諭旨停止回
鑾外特將朕不得已之苦衷宣示在京王大臣並九卿等知悉原
摺並發批著由五百里寄京與王大臣九卿等公同閱看欽此四
月二十七日再奏
硃筆朕近日身體較四月初旬病症已減去七八分惟正氣尚覺
軟弱飲膳漸可照常茲特將四月十五日至二十七日脈帖並和
肝丸保肺丸二方均寄與留京王大臣閱看於五月初一日赴閣
請安時與諸王大臣閱看務令遍悉欽此鑾須

詔諭所以尉臣工依戀之深所以示展緩回鑾之故此豈逆料後
來有加非府君者而
先帝特早為之地以自託於寫耶鳴呼臣民不幸
龍馭上賓府君自知孤危獨立萬無全理呼天搶地慟不欲生
今上嗣位奉
兩宮皇太后聽政授恭親王為議政王桂良等為軍機大臣以
載垣端華肅順蒙蔽於前跋扈於後復不能盡心和議失信於各
國數罪誅之載垣等孥問之際許彭壽奏陳管見疏內有查辦黨
援一條桂良曰今許彭壽實指其人彭壽無可答再四詰問率指
數人而不及府君桂良曰如黃某者何不列入耶彭壽領其意遂

具疏以府君名列諸人之末而無實跡可言疏上繕擬之章京多
錯愕無從落筆桂良敦促乃以府君任豐寄時奏報久稽在粵與
三紳剿夷有梗和議為詞語稍傳於外衆論譁然寢閣不下者數
日復集諸章京畫計有進而對者或曰朱姓學勤或曰許姓庚身
庚身本彭壽從弟也語恭邸以黄某之罪無難加遂撤銷前擬於
十月初七日另降
上諭前因許彭壽於拏問載垣端華肅順時敬陳管見摺内有查
辦黨援一條當令議政王軍機大臣傳旨令其指出黨援諸人實
跡嗣據明白迴奏形跡最著者莫如吏部尚書陳孚恩蹤跡最密
者如侍郎劉崐黄宗漢伊等平日保舉之人如侍郎成琦德克津

泰俟補京堂富績外間嘖有煩言陳孚恩於上年七月
大行皇帝發下硃諭命諸臣會議巡幸熱河是否可行陳孚恩即
有竊負而逃遵海濱而處之語意在迎合載垣等當時會議諸臣
無不共聞
大行皇帝龍馭上賓滿漢大臣中准令陳孚恩一人先赴行在是
該尚書為載垣等之心腹即此可見黃宗漢於本年春間前赴熱
河蒙
皇考召見即以危詞力阻回鑾迨聞
皇考梓宮有回京之信該侍郎又以京城情形可慮徧告於人亦
冀阻止其為意存迎合載垣等衆所共知以上二人均係一二品

大員聲名如此狼藉品行如此卑污若任其濫厠卿貳何以表率
下屬陳孚恩黃宗漢均著革職永不敘用以為大僚軟媚者戒
侍郎劉崐成琦太僕寺少卿德克津泰候補京堂富績雖無與載
垣等交通實據而或與往返較密或由伊等保舉足見或拜認師
生衆人耳目共見共聞何能置之不議劉崐成琦德克津泰富績
均著即行革職以示懲儆許彭壽糾彈各節朕已早有所聞用特
懲一儆百期於力振頹靡至載垣端華肅順三人事權所屬諸臣
何能與之絕無干涉此後朕惟以寬大為念不咎既往爾諸臣亦
毋許再以查辦黨援等事紛紛陳奏致啟訐告誣陷之風惟當各
勤厥職爭自濯磨守正不阿毋蹈陳孚恩等惡習朕日用厚望焉

將此通諭知之欽此都中識與不識皆為稱冤謂府君當載垣等
用事時疏陳
郊配大禮曾忤其意且彭壽原參不能指明實據而樞臣繕擬乃
以希冀存等並辭文深羅織知為桂良所誣陷時不孝貽楫欲
上書訟冤府君曰吾為大臣不能有補於國又以累
先帝知人之明不誅幸矣彼權勢熏灼汝將重之禍耶禁弗許是
月二十二日奉
上諭前經
御賞扁額著即行恭繳欽此府君知譬心大快自問坦然惟念國
服未除

山陵未定不忍恝然踈去留都兩年杜門謝客丹鉛在手略書四
圍讀史見古今成敗輒潸焉淚下復講求音韻訓詁之學朝夕考
訂為下士攻苦所弗及癸亥春姪孫 謀烈捷南宫而 貽楫報罷親
舊疑未敢賀府君乃張筵宴舉酒屬客曰受兄敎養恨無以報今
得見其孫成名老懷暢㦤頗與諸君盡一觴秋八月挈眷南旋出
都之日望國門而慟哭忠戀之誠殊難自已歸裝萬卷大海一航
於九月初至上海易舟登岸風痰猝發右肢不能運動漸至痰嘔
氣喘手足浮腫病甚諭不孝等曰吾死毋以朝服斂吾得訴諸
先帝矣竟以同治三年正月二十三日未時終於上海泉漳會館
旅寓正寢享年六十有二嗚呼府君忠勤報國正直律身上受

先帝不次之知卒為權貴所傾寃抑没世天乎痛哉不孝等罪戾
邱淵身百莫贖偷生視息侍柩旋里值里中戒嚴先權厝於法石
祖塋之次更相宅兆筮曰吉乙丑冬十二月初六日將塟於通淮
門外赤山之陰元堂長閉侍奉末由不孝之痛其有紀極耶前已
奉狀乞銘道州何太史紹基既許道遠銘未及達期迫謹濡涕
自誌於石昔岳珂有云理之在人心自有隱然不可厚誣者楫等
兀兀餘生長懷隱慟更何敢顯觸時忌而傷我考心惟是公道未
彰人心自在年運既往謗讟哀熄必有追論皆世欲搜求事蹟以
為徵信者楫若不言厥咎滋大故謹即府君被讒始末詳悉備書
以代籲天之錄云府君歷官內閣學士兼禮部侍郎銜四川總督

管巡撫事浙江巡撫兼理鹽政雲南巡撫甘肅布政使浙江按察
使山東按察使廣東督糧道雷瓊兵備道户科給事中工科掌印
給事中山東道掌四川道監察御史
記名軍機章京兵部職方司郎中員外郎主事翰林院庶吉士歷
署吏部右侍郎刑部右侍郎順天府府尹浙江四川學政浙江布
政使山東布政使廣東按察使歷充
玉牒館副總裁
冊封貴妃副使抖琼
實録大臣庚申科會試覆勘試卷大臣辛酉科順天鄉試搜檢大
臣辛酉補行庚申科武會試校射大臣校閲浙江四川全省營伍

大臣壬子科浙江鄉試監臨武鄉試監臨主考官乙卯科四川鄉
試監臨武鄉試監臨主考官丙午科廣東鄉試提調甲辰科會試
內監試稽察中倉豐益倉兩次巡視中城兵部武選司總辦則例
館提調漢本房督催歷次蒙
賜御書福字六方大緞裏綢荷包帽緯等件著有奏議二十卷海
運全書初編十卷續編四卷籌防紀略四卷籌海紀略四卷公牘
公卷詩文鈔四卷手札四卷惟海運全書梓行餘未刊配吾母許
夫人同里贈資政大夫許公有梓女庶母李宜人陸宜人子六　貽
揖舉人員外郎銜內閣中書協辦侍讀娶世襲三等男爵原任河
南南陽鎮總兵官謚武烈邱公女即邱剛勇公女孫也貽深三品

廕生軍功保舉五品銜候選同知娶候選都司王公捷陞女貽猶
候選中書科中書娶候選道何公紹京女俱吾母許夫人生貽遝
陸宜人生貽相聘莊氏甘肅即補道俊元公女李宜人生貽祭陸
宜人生俱幼女二長吾母許夫人生適同里詹事府主簿林文波
早卒次李宜人生許字福州稟生後中甲子科舉人葉大道封內
侍疾旋以毀卒孫四謀焯謀煐謀燠謀焜女孫二不孝孤貽楫泣
血謹誌姪孫謀熙謹書
主事銜刑部七品京官雲南司行走加二級世愚姪許祖淓頓首
拜填諱
穴坐午向子兼丙壬分金丙午丙子

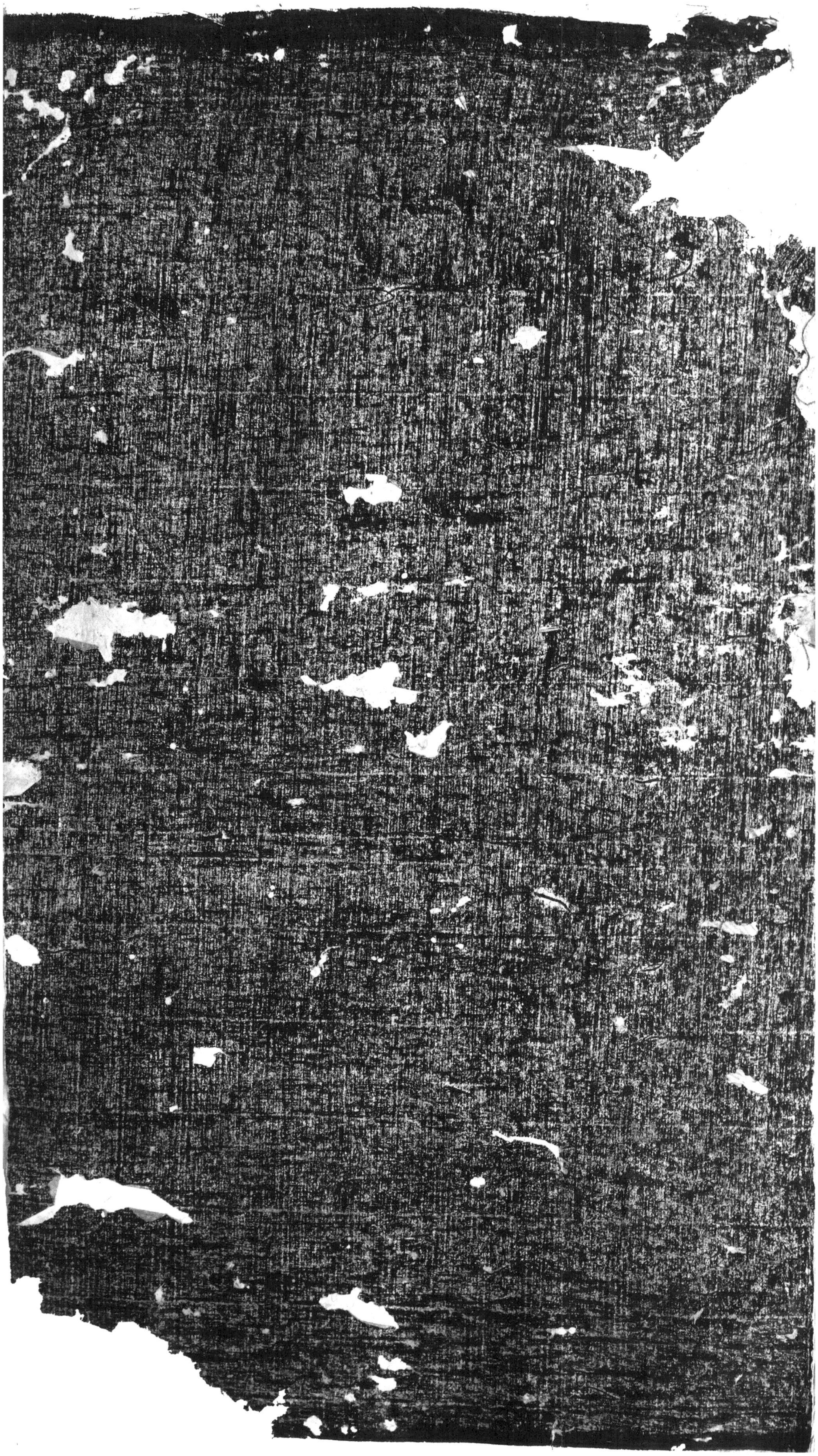

皇清誥封正一品夫
人敕封太宜人
恩褒旌以節義建坊
黄老許太夫人墓誌

光禄大夫 太子少保協辦大學士吏部尚書
世愚姪徐桐頓首拜題

皇清誥封正一品夫人　敕封太安人　恩獎建坊
先妣許太夫人墓誌
太夫人為　贈資政大夫同邑許公有梓之次女贈
公有厚德娶福州葉氏以嘉慶十一年四月壬辰生
太夫人端謹仁厚年二十歸于我先公諱宗漢字季
雲又字壽臣姓黃氏不逮事舅姑事姒以如姑愛敬篤
至族鄙稱焉先公成進士服官中外疊拜　恩封以
儉勤佐清節以禮讓教子孫以慈惠待族姻以寬恕
御僕媼樂聞人善不言人過先公辭世後訓迪楫等

尤為諄切貽楫愚魯不適世用謬因章薦趨朝歸
未抵里遽遭大故痛砭心骨臨顯何言復以卜地求
詳奄逾歲月罪積尤重以光緒十六年十月乙卯葬
於郡通淮門外石朋山之麓卒之年為光緒十二年
六月乙酉春秋八十一以先公官侍郎加二級封
正一品夫人以子貽楫官編脩　封太安人以輸助
防費　恩旨建坊旌獎生男三貽楫貽梁貽橋庶子
三貽果貽相貽棨貽相先卒女一庶女一孫男十有
八謀焯謀烘謀炖謀爍謀焜謀庶謀杰謀姚謀熜謀

燡謀倓謀熉謀燎謀熢謀燰謀照謀燮謀烰女孫八
曾孫三孫達孫埻孫珪女曾孫四貽楫不獲即死境
迯遇阸痛深罪極號而勉記方石難文以銘
穴坐卯向酉兼乙辛分金辛卯辛酉
孤哀子貽楫泣血謹誌
姪曾孫孫埏謹書

皇清誥封宜人
晉封恭人累
封淑人黃母李
淑人墓志

皇清誥封宜人　晉封恭人　累封淑人黃母李淑人

墓志

淑人李氏諱少蘩江右人也先世不可稽幼育於邵武上官氏年十六來歸叔祖侍郎公奉匜沃盥謹事慎儀事叔祖母許太夫人勤勷内政戚鄙交稱為賢子一貽相運同街候選同知先淑人卒女二長字福州庚辰翰林葉名大道未婚割肉療侍郎公疾尋以毀卒次殤孫二謀烑謀熉熉殤烑為叔父貽橋次子承命入繼者也

女孫二以嫡子貽楫官封宜人子貽相官封恭人嫡子
貽橋官封淑人自先侍郎公棄世後叔父貽相不永年
謀熉又不育淑人終以義命自安尤殫心竭力以奉許
太夫人並敬恭家督嫡嗣不敢以尊屬稍鄰侈泰性耽
寂靜雖長齋繡佛言貌溫和而待婢媼慈惠之中寓以
嚴毅故內外長幼秩然無浮囂佻巧之習許太夫人深
倚助焉歲六月遭許太夫人之喪即語家人曰太夫人
遇我厚我所以不前死者以太夫人在堂故也今分內

事畢我欲從太夫人於九京矣越數日竟以微疾卒春
秋六十有一道光丙戌七月二十七日卯時生光緒丙
戌七月二十九日丑時卒其年十二月初十日將葬於
通淮門外坪上鄉酒山邊諸尊長以古禮墓志無求文
人代譔之說乃命謀烺質實言之勒而掩諸幽謹剟敘
賢行如右　謀烺志並書

持服嗣孫謀炳泣稽首

穴坐辛向乙兼酉卯分金丁酉丁卯土名樣仔下

泉郡石室居刊

受業宗姪爾漚頓首拜篆蓋

誥授中議大夫故內閣候補侍讀翰林院編修員外
銜刑部主事霽川黃先生墓誌銘

姻年愚姪同里陳榮仁拜撰文
宗年愚姪同里摶扶拜手書丹

駒騮騄耳天下之駿也王良執策造父抗轡籋浮雲
晻上馳不逡晷而致千里焉比其困也服鹽車上太
行伯樂不顧仰天悲鳴則有佛盭壹鬱覂駕銜橜所

跐而不得其平者嗚呼是豈馬之性哉毋亦遇不遇
之殊而因以易其情耶惟人亦然余蓋於霽川先生
之没不禁焦妍累欷而勿能自已也　先生負殊尤
之才弱歲劬書慨然有當世之志隨親　侍郎公建
節於浙粤巴蜀所至攬形勢訪利病究吏治之良窳
事賢友仁以攷驗其經濟之學比壯簪筆薇省徧窺
金鐀石室之藏益練習掌故舊章新制率能舉其沿

華荷橐十餘載交遊皆一時英俊 先生文章意氣
又足以傾倒流輩譚鋒一縱風發泉涌晝或更數僕
夜則燭屢見跋疊疊不能自休顧論世務衡人材或
不無有觸時諱於是好之者多而忌者亦復不少然
天下方聞之士則莫不知有黃霽川其人者矣六試
春官俛得復失年逾强仕亦倦遊矣同治季年始以
第三人及第知交朋好釃酒相慶慰謂籋浮雲晻上

馳指顧閒耳顧以一字微旨改官郎署識與不識無
不為　先生扼掔者　先生念文章憎命資格限人
任運委心夷然無所芥蔕而經世之念恆隱隱不能
忘河南大祲侍郎袁文誠公奉　命籌賑奏帶隨
辦　先生微服入境查積弊籌協濟覈倉儲巡歷災
區奔馳於炎天赤地之中不辭勞瘁袁公深為歎佩
然精力則由此耗矣役竣入都以　母夫人年高請

假歸愛 先生者慮其果遂初衣也於是郭侍郎嵩
燾以使才薦林方伯壽圖以會辨漳泉團練薦朝衮
勸駕之書堆案仍几 先生冲然邈然一無所與會
法人構釁我師熸於馬江今相國臧軍徐公疏薦人
材以 先生首列奉 旨召見垂詢閩海戰事 兩宮嘉納
先生摭實陳奏並臚述中外情形
詔軍機存記屬以 太夫人病力請急回籍在

途聞訃漏夜星馳至是遂廢門不出矣家居靳十載
濬八卦之溝設同善之社凡有義舉輒為之倡曩歲
順直水災傾囊篋鬻衣飾得銀二千兩寄都助賑復
設局募捐集資鉅萬其於天下事蓋未嘗一日忘也
歷掌清源崇正書院講席點竄課藝一卷或至數百
言期於詳盡而止尊行宿望邑子奉為職志顧　先
生性耿狷雅不欲厭然媚世混於鄉愿之儔每籌一

事發一議率直抒己見或不能盡如人意於是有以
圓通之説規　先生者嗚呼亦知不隨俗為浮沈不
與時為俯仰　先生固特立獨行以全其天初非有
所佛盬壹欝決而出此者乎　先生諱貽楫字遠伯
號霽川先世居晉江法石鄉徙家郡城曾祖諱耀彤
祖諱念祖均贈光祿大夫父諱宗漢前巡撫淅江歷
督兩粵四川入為吏部侍郎妣許太夫人　先生其

嫡長也以廪膳生蒙　恩賞給舉人内閣中書充
方略館覆校以侍讀候補隨辦　典禮加道銜同
治甲戌及第授編修充　國史館協修散館改主事
分刑部以順直義賑加員外郎銜　賞三品封典
進階中議大夫兩娶皆邱氏封淑人前　先生卒別
葬自有志妾氏張氏陳子四長謀爍殤次謀庶縣學
增廣生歿於今歲三月次謀煾殤次謀焌女二長壻

常熟縣廩生楊同升次未行孫二孫㻿孫堅女孫四
所著有柔遠紀畧救荒法戒録諸書皆切時用卒之
日為光緒二十一年十月十八日得壽六十有四越
年十二月十二日葬北關外仙田鄉之椒謀焌来乞
銘嗚呼僕於　先生為姻戚後輩居同里同歲入詞
館先後同改官刑部回憶春明聚首對宇望衡　先
生不鄙其檮昧輒引與談灼炮宵闌猶誾誾然争辨

不知東方之白也總其議論準今酌古周詳纖悉儼
可見諸施行惜乎其未及一試耳投檄歸田數常晤
對每諄諄以用世相勸勉僕亦以老驥千里之歌進
先生輒一歎置之嗚呼殆亦有仰天悲鳴抑鬱而
不平者乎　先生今已矣而僕亦悠悠忽忽無所於
試既歎逝者行自念也故於謀煅之請輒質書梗概
以存　先生之真且綴以銘曰

已乎　先生不公不卿有才不呈傷哉我銘已乎

先生

穴坐申向寅兼坤艮分金丙申丙寅

泉郡石室居刻

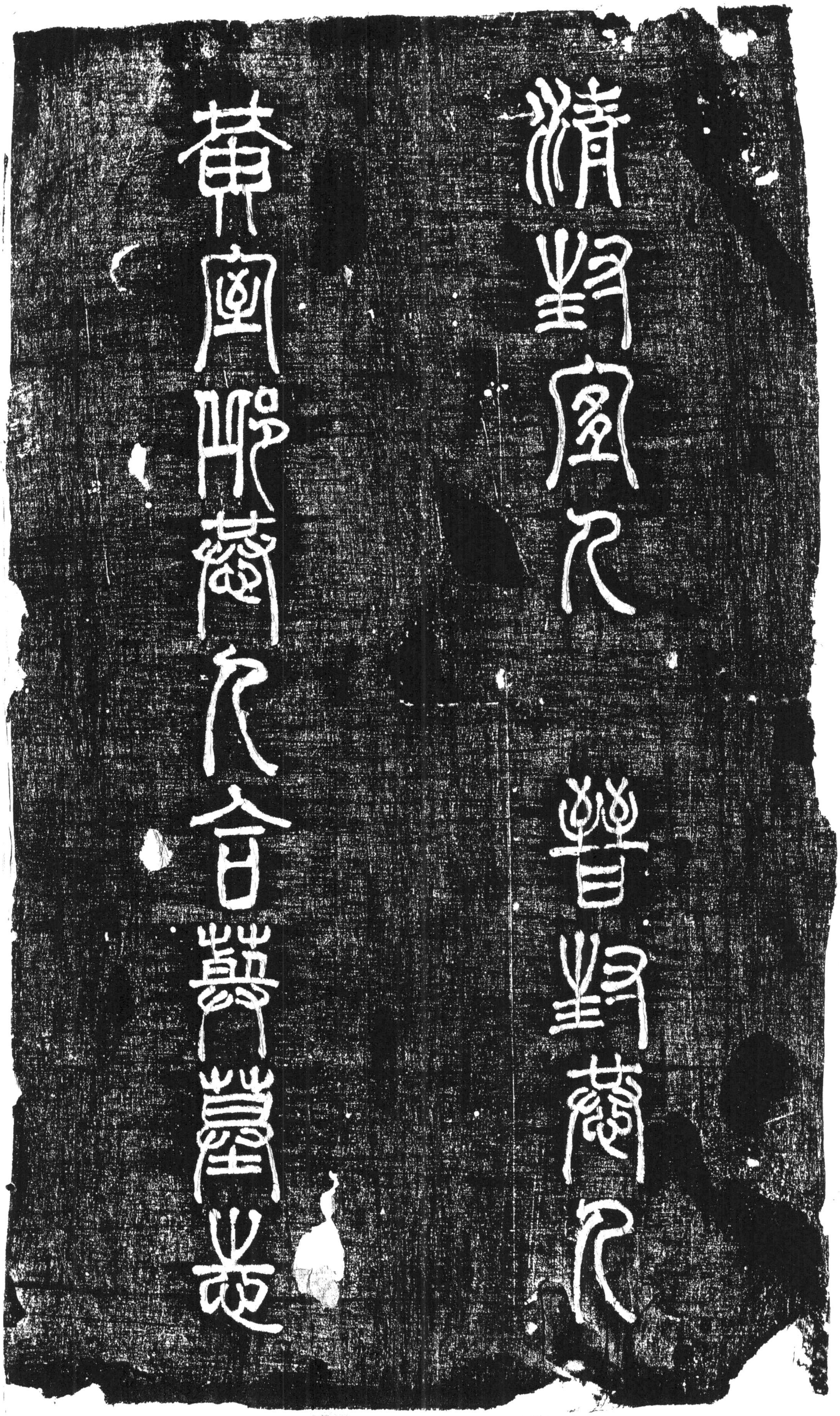
清封室人
晉封恭人

繼室邱恭人合壙記

恭人名瑶珍字怡萱長樂舉人邱公諱淩雲曾孫女舉人諱恆春次孫女訓導諱鴻潮長女歸于黄甲戌進士及第晉江黄貽楫之繼室封宜人晉恭人頗明女訓習書數之藝奉姑承祭猶常婦獨勤肅靡有懈初來歸意家必貲厚久之居京居里見用乏典鬻幾空笑曰今乃知汝果貧遇義所當爲者弗顧囊中有無將日窘窘誰濟汝乎予怒以目遂默屢欲歸省其母以先太夫人喪葬未畢不得行素患痰閉夏每劇客歲夏初得其家訃函不遽與知察體氣無恙爲貸資治裝促登程次女瑞蓮爲所鍾愛諭令隨侍戒奴婢等俟行近家門以實告既聞悉痛不欲生勉共扶謁母靈哀毀過甚動舊疾來書即非親筆函疊至不言病且有葬母後留度歲之語心疑焉回憶比年言多不祥臨別尤惻急擬進省挈與同歸因祖塋被伐訟事久羈至又仲盈夢頻生兼遭庶妣喪難驟行月

既望方首塗抵其家見之形瘠病深尚冀醫藥奏效豈意藥不去
病所禱無靈其家拘於俗忌囑移居移不十日卒矣光緒十七年
十二月二十九日酉時也病革謂予曰恨不早歸致勞運柩切莫
寄殯於此喪葬諸費有積年節嗇衣食所餘四百金存典生息原
以待子囙極之需回泉可向取用衣物當分與否酌之次女之生
母陳氏遠來侍我須厚賜彼可留為次女添奩者概留之又呼孫
孫者再似有詞聲漸微閉目卧予持香誦經手忽搖眉蹙厭聞誦
止舒眉作點頭狀至晚體冰年四十有七生於道光二十五年八
月十九日酉時以十八年三月壬戌啟前壙丙子合葬穴稍移坐
向并改虛一壙後人賢否未可知遠能思祖尤難必此壤若無他
虞豫自計即久共長眠所也貽楫記 子謀庶 謀焌 孫 孫埗 女二長適
常熟生員楊同升次未字女孫二俱未字
穴內坐艮向坤兼寅申分金辛丑辛未外坐丑向未兼癸丁

石室居刊

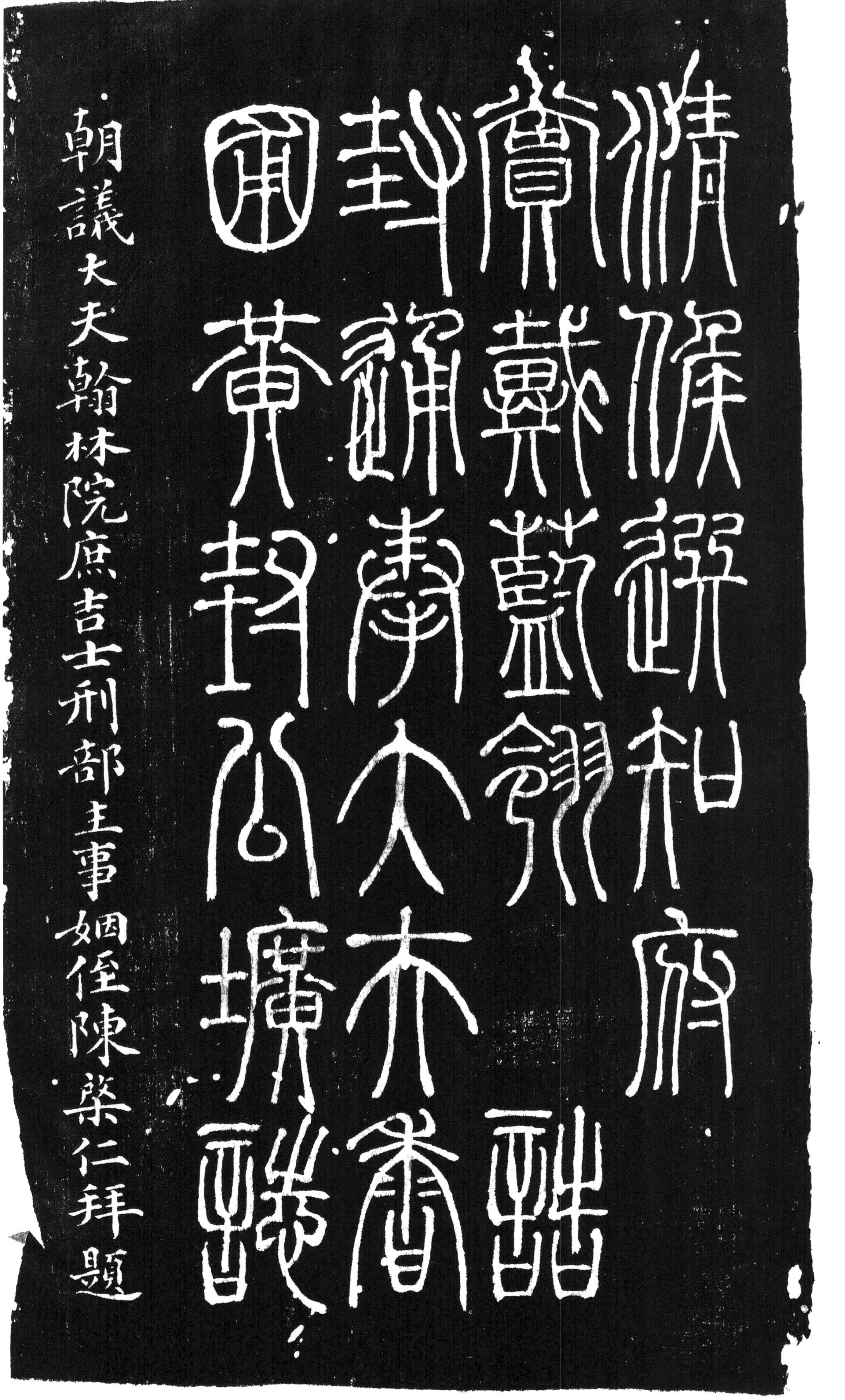
朝議大夫翰林院庶吉士刑部主事姻侄陳棨仁拜題

香圃自撰壙誌

余惟修短有定數賢否有定論諱死而愛諛識者不

之出也余席先人遺蔭兢兢者七十有五年於茲矣

風燭頹齡頻年多病追維往事歷歷目前念蓋棺而

後吾子孫必將假寵椽筆為幽室光倘涉於諛無乃

與余初心剌謬乎用是述溯生平自誌之曰貽檀字

基培號香圃先世　靜齋公居晉江之法石街為滿

庫黃氏始祖八傳至　世熊公始移家郡城集賢里

高祖樸園公諱宏龍　曾祖毅亭公諱耀彤　祖修庭公諱念祖嘉慶辛酉科舉人　贈脩職郎福州府學訓導自高祖至公均　晉贈光祿大夫内閣學士兼禮部侍郎銜加二級　考退巖公諱宗澄嘉慶己卯科舉人福州府學訓導調龍溪縣學訓導　贈官如父祖自集賢里徙居妙華里講學城南成就多士同治八年郡人請於　朝祀鄉賢　妣楊太夫人孝廉師程公胞姊有子三余序長以嘉慶辛未年正

月初二日亥時生仲弟貽杼布理問銜南靖縣學訓導季弟貽槎早卒余與仲弟均以己子為嗣·余少時為祖妣紀太夫人所鍾愛日為梳櫛常摩其項曰·此兒似曾祖必興吾門及就傅飯後輒呃逆·先考習之嚴不敢言病後知體弱難支命輟業治生先習書筭年十九畀以百五十緡於城西為小貿易且諄諄戒之曰忠厚可以興家刻薄終難載福勿貪便宜勿專厚利余識之不敢忘其年十一月先室王氏来

歸 先妣體羸多病先室善事親得資內助家計日
繁 先考與 季父侍郎公友愛最篤修脯皆供家
用猶不給余因貸於親舊竭力營生交游亦以余不
苟推誠相待復得堂弟貽本相助為理得以小康有
忌余者構諸 先考謂余以賭獲千緡 先考察其
誣也悉以家政委之嗣商於福州於甯波拮据造船
歲入漸裕方幸稍資菽水乃福薄災生年三十二
先妣棄養越二年 先考又謝世喪塟不敢越禮而

精力疲耗矣　季父歷官中外諸弟多隨侍余偕仲弟貽杍課督子姪讀書率循先訓一切請託皆遜謝之有以一言五百金為請者峻拒之或以余為不近情余弗恤也　季父嘗寄書云和而能忍治家上策又云儉以養廉勤能補拙惟汝其能之　炑母許太夫人亦以余自少醞謹待之加厚　季父又以貴顯諸兄皆不逮見出俸餘分給諸子惟均余亦罄所贏以奉公一無敢私焉余與仲弟以分金合治生業及

移居始析箸推多讓美數年而後定仲弟治家嚴而
有法實能匡余所不逮郡中自咸豐辛亥以後屢遭
寇亂余襄團務前後將十載無功可紀惟勞怨皆所
不避董理工作若行春樓肅清樓麗正樓試院書院
城工堤工洛陽順濟二橋以及溝渠道路集衆人之
力為多義倉則領款營建羅運收儲經理數載頗憚
心力耳余無他才能念高曾以來忠厚傳家懼墜箕
裘未敢踰分惟樂解人之紛匡人之失任事必熟思

審處用人不責備求全是以友朋喜余之樸僕從愛
余之寬戚族信余之無私余因得安余之拙里居交
接未嘗與人爭競曲直一字至公門也咸豐丙辰丁
巳閒晉南鄉邑械門連十數里時余在練局以攘外
必先靖內歷鄉村勸解之父老以為愛己也咸聽從
親睦如初陳頌南先生深相嘉許獎以詩紀其事郡
人士踵和成册至今披閱良深愧歉然每懷　先考
存厚戒薄之訓　季父養廉補拙之書知身世興衰

之機未始非肇於人事也今崦嵫已屆耄老無能且
手足幾廢幸留未盡之光陰究非有為之歲月畧敘
梗概俾後世子孫因余言而無忘祖訓余願畢矣余
以例援候選知府議敘加一級以軍功賞藍翎
以子謀烈入仕封通奉大夫禮部主客司郎中補
用道加三級由妙華里遷登賢里眷屬書後穴地坐
向兒孫異日補誌納幽可也
元配王氏 贈中憲大夫義質公長女內閣中書昀

之姊　例封恭人以子謀烈歷官積階　封夫人簉
室施氏傅氏以嫡子謀烈　貤封宜人男四長謀壽
附貢生卒娶陳氏　旌表節孝次謀燕汀州府學訓
導調任南靖縣學訓導卒娶李氏三謀烈出繼季弟
癸亥進士補用道禮部主客司郎中娶鄭氏皆王夫
人出四謀撝娶陳氏傅宜人出孫六長孫增郡增生
娶張氏次孫圻聘陳氏三孫坦未聘四孫堉聘林氏
五孫堪六孫鋆均未聘女孫四長適陳啟運次許字

郡庠生王伯溪三四均未字曾孫二長子欽次子釗
敕授文林郎五品銜内閣漢中書揀選知縣乙酉科
經元姻世再姪王伯鶴頓首拜書丹
嗚呼　府君自少勤苦中年病脚氣晚益增劇歲一
發乙酉秋自撰壙誌藏諸篋冬至後疾作出以授不
孝謀烈等洎十二月十九日戌時而　府君棄養矣
嗚呼痛哉謹卜宅兆于南安三都大尖山之麓負癸
揖丁兼子午分金丙子丙午以丁亥歲八月十二日

厝焉嗚呼　府君持己待人一本至誠自家庭以及
州閭族黨樂人之樂憂人之憂見於自誌者僅著厓
略又多撝約遜避之辭不足盡　府君之懿身後郡
人士以孝友謙和急公樂善聞諸大吏籲請　旌奬
亦足見公論在人音徽未沫矣不孝謀烈等祗遵遺
命補識卒葬坿於石末不敢增飾其詞以累謙德發
潛而揚闡之不能無待於知我　府君者矣嗚呼承
重孫孫增孤哀子謀撝出繼子謀烈率諸孫等勒石

泉郡石室居刻

皇清故廣文
軸中萬先生
墓志名

皇清誥授奉直大夫南靖縣學訓導　欽加布理

問銜加二級軸中黃君墓誌銘

鄉進士

例授文林郎揀選知縣母舅楊師程撰文

賜進士出身

誥授奉直大夫翰林院編修　國史館協修加三

級姻世愚姪龔顯曾頓首拜書丹

賜進士出身

敕授文林郎翰林院庶吉士姻世愚姪王壽國頓首拜篆蓋

余姊丈鄉賢公退巖夫子姻翁贈光祿公冢君也

光祿公以名孝廉敦碩行生姊丈昆季六人姊丈

以鄉薦第二人任福州司訓調龍溪司訓所至有
譽受其教化卒躋顯秩成正士德行道藝為海内
交推以其弟侍郎公貴貤贈光禄大夫娶吾姊贈
正一品夫人生子三長香圃三幼慧軸中其次也
軸中少穎異束髮受經輒過目成誦年舞勺從余
學授以注疏琅琅出金石成童後鄉賢公自督責

薪傳愈遂學大進戊戌受知學使晴舫吳公補弟
子員己亥庚子辛亥三薦秋闈不遇壬子復以備
卷見遺軸中自是淡於科名矣先是甲辰奉部選
南靖司訓甫履任即勗諸生以砥行勵學有不守
卧碑者訶斥之有辜累者開復之士或貧窶則助
廩費給脯資繼餐膳飲食教誨漳人士咸愛戴之

靖邑素窮僻之區文廟黌署皆廢隆軸中為儲經
費置籩豆重修明倫堂建左齋衙署所費不貲未
嘗勸募諸紳富噫軸中官不過廣文祿不過代耕
而尅己儉約蓄十年餘俸傾囊於官廨不少吝此
非素養者厚而鄉賢公之德澤遠能若是乎癸丑
初次俸滿列憲以勤職留任是年賊擾下游中丞

公札調来泉事竣敘績奉　旨以應井之缺井
用丙辰後養痾還里惟延名師訓子姪縹緗丹鉛
未嘗釋手令其子若姪或膺振鐸或登賢書或捷
南宮食餼釆芹接踵而起皆軸中培植力也性恬
介不妄酬應有司耳其名者欲識一面不可淂自
額其齋曰不求知嗚呼軸中之志可知矣家居嚴

而有法内外咸敬憚三弟早殁命次子謀嬰為之
後與伯兄香圃棣蕚壎篪怡怡如也念家乘未修
旁稽博訪三年編纂幾於足忘冷手忘疲而黃氏
之譜大備君家素篤厚軸中承先訓動循矩度長
鬚豐頤有壽者相乃竟於戊辰三月十六日子時
易簀可勝悼哉軸中諱貽杼字懷子晚自號媿餘

生嘉慶癸酉年八月初六日寅時以本職援例加
布理問銜加二級少奉姊大命出繼胞叔宗汀公
為嗣故宗汀公贈如其官娶王宜人郡庠生諱邦
翰三女側室蔡氏子三長謀煦側出娶贈奉政大
夫蔡君盈光四女次謀燛邑庠生王宜人出娶候
選訓導王君啟恩長女三謀焉側出殤女六長適[illegible]

辛卯科舉人龍溪縣教諭顧君鴻儒四子滋九品
讓益次適增貢生辟君道行次子己未科舉人冠
三三適職員吳君俊德長子邑庠生有南四適封
文林郎林君維炯四子志登五適癸卯科舉人林
君奉璋長子雲衢皆王宜人出六幼未字蔡出孫
一孫堯謀暌出女孫一謀煦出餘未艾兹於己巳

年十月二十六日葬郡東門外洋茂鄉桃花山穴
坐癸向丁兼丑未分金庚子庚午香圓命其姪謀
煦謀熙丐余銘余蓋悲軸中之不享大年而又不
忍其懿行之沒也爰和淚為之銘曰
明德之後敦素履寗方毋圓棱不毀樂育膠黌式
桒梓一經睦來穀爾子于嗟蒼天吾甥萎壽之貞

珉長不死長不死兮為士軌

男孫孫逢謀煦出六女巧治字柯茂才騰焜茲改卜洋茂鄉

鄧厝山於光緒丁亥年十一月二十三日未時安葬穴坐壬向丙

兼子午分金辛亥辛巳

石室居刻

清誥贈夫人黄母李太夫人墓誌

朝議大夫鎮江府知府前翰林院修撰世愚姪王仁堪拜題

清誥贈夫人先妣李太夫人墓志
太夫人 贈朝議大夫李公昌時四女先考元聘也
先考諱貽槎字幼慧早卒 先祖考諱宗澄命
先本生考諱貽檀以三子 謀烈承繼先仲父諱貽杼
以次子 謀熙承繼以長子 謀煦兼承祀事 太夫人
先 先考卒年幼未營宅兆 謀烈成進士服官儀部

三遇　覃恩　贈孺人　晉夫人　謀煦以急公　授
中書謀娶叨廩餼貢成均嗚呼　君恩稠疊祿養未
能而祭掃何方焚黃何所終身負疚憾何可言茲卜
地於郡南門外劉下鄉謹奉神主安厝幽宅冀妥先
靈時光緒辛卯年癸巳月丁酉日也生於道光戊子
年六月廿七日亥時卒於道光戊子年十二月十一

日丑時謀烈娶鄭氏子三長孫圻出繼長兄娶陳氏
次孫堉未冠而殁婦林氏過門守節三孫堪出繼仲
兄聘王氏謀煦娶蔡氏子一孫墜出繼季弟謀煛娶
王氏繼娶陳氏妾朱氏子一孫埭出繼季弟均未聘
女孫三女曾孫一　不孝男謀烈謹記
穴未丑兼坤艮分金辛未辛丑　姪孫孫埏謹書
石室居刻

清誥授朝議大夫

運同銜候選同知

石美黃叔鄭墓誌

清誥授朝議大夫運同銜候選同知五弟黄
叔勷墓志
弟貽相字叔勷年二十有四不幸死矣先
尚書公有子六人貽楫貽梁貽橋母許夫人
所生皆宦遊於外未能事母能事母者唯庶
母弟貽果貽相貽榮相讀書明義理定省之
下兼任家務家以整嚴母許夫人庶母李宜

人顧之喜弟亦昂然抱青雲志雖屢蹶名場
而進修罔懈性微急有規之者輒聽受嘗輯
古格言為二編曰身箴曰心箴用以自勗顏
所居曰箴過齋日變氣質臻於和易尤樂施
濟事不計囊中有無得為即為之依京師敬
節舊章輸金恤嫠未幾病病篤猶諄諄屬家
人毋廢斯舉弟之生也日者推其命至于二

十四歲有凶牘藏敗篆檢得之怳惚不怡適
其子遇暴疾殤或冀餘厄可免孰意嘔血增
劇衆為禱於張睢陽祠乩示逍遥星難久住
有未了事當少留其時氣僅相屬夜忽語音
清朗恨養親未畢戒其妻毋過戚傷母心以
貽橋次子謀姚為己子戒家人毋急寄子書
蓋子甫自豫還都亦常有疾恐聞之而痛而

疾益（?）不可知也嗚呼弟死與日者言符是定
命難移天其何以勸善耶乩言如信是生有
自来何息息又去不及大有表見耶其學可
企賢者若永年將助予於道教予弟胥歸於
善惜乎其命夭非予之不幸非家之不幸耶
弟生以咸豐丙辰十二月初七日死以光緒
己丣四月初四日卜以庚辰三月九日窆於

城東赤嶺鄉小桃山之南薛厝山前期予歸
自京師偕諸弟營塟並書實行於石志痛也
不及銘弟援例以同知候選加運同銜娶莊
氏封恭人子謀熉殤女二俱幼墓負乙揖
辛兼卯酉分金丁卯丁酉虛右壙
光緒六年二月二十八日兄貽楫銜淚志
石室居刻

皇清脩職佐郎漳
州府南靖縣學訓
導翼堂黃公墓誌

清敕授修職佐郎漳州府南靖縣儒學訓導前
汀州府儒學訓導次兄翼堂黃公墓誌
吾宗世居法石至八世祖　世熊公入居郡城
集賢里道光丁亥吾　祖退巖公分居妙華里
同治辛酉　家嚴始遷居登賢里余兄弟四人
冢兄質直公早卒次即兄謀烈行三四庶弟謀攜
兄諱謀燕字豐孫別字翼堂咸豐癸丑與謀烈

同遊泮兄入郡庠是歲鄰邑土匪滋擾以募勇
平寇功議敘訓導同治癸亥選授汀州府學訓
導汀守延君楷器之令兼理永定縣學事戊辰
調漳州南靖縣學先是　退巖公司訓龍溪為
一時名宦　先叔父愛廬公任南靖學十年置
祭器修廨舍勤課士一如　退巖公之莅龍溪
時兄遵守前規所至有聲其未仕也家居廿餘

載　嚴慈以家政委之詳慎精密内外咸理戚
族事有代謀者雖繁瑣不辭每曰任人事如吾
事此心始安生平寡言笑慎交遊無聲色紈袴
之好惟以詩書翰墨自娱四試秋闈不遇愈刻
勵性素恪謹雖多疾不自逸去秋在署病瘧適
丁祭强起將事病遂重今夏假歸舊恙愈劇瀕
没屢言曰吾弟自都歸矣既而謀烈請假之書

適至嗚呼兄殆知其危篤而必欲見弟耶抑兄
友愛之切冥冥中有呼告之者耶余屢抱鴒原
之慟冢兄之没謀烈年方十一吾兄弟相泣相
㑹比長寢食不離廿餘年如一日迨謀烈將入
都兄握手與别欷歔不能出一語每致書雖疾
必躬自起草强相慰藉比来得兄書絶少心竊
詫之訖意七千里航海而歸竟不及與兄一晤

耶悲已兄生道光甲午五月廿五日辰時卒同
治己巳七月廿二日丑時得年三十六娶李氏
從九品職銜夢奎公長女子二長孫增出繼冢
兄為後聘侯選直隸州州判辛酉拔貢張君瑞
長女次孫坦幼女二適兩月卜地於東門外鳳
園鄉土名富厝山適探冢兄塋穴知不利因遷
而合厝焉冢兄諱謀壽郡庠生得叙貢成均同

治乙丑
覃恩次兄請於朝貤
贈冢兄如其官嗣子二孫增次兄子入繼孫圻
余子入繼其行蹟　愛廬公已誌於磚並藏
諸壙其未詳者謹附誌之塋以同治己巳九月
二十六日穴坐午子丙壬分金丙午丙子
功服本生胞弟黄謀烈拭淚誌

兄卒越四年壬申謀烈恭遇
覃恩請於
朝
貤贈中憲大夫補用道禮部主客司郎中加二級丁丑二
月謀烈以三子孫堪爲兄嗣五月孫增入郡庠乙酉議叙
訓導長女適陳啟運次女殤兄初塟鳳園鄉與長兄合壙
兹遷厝家兄於北門外山垵莊厝山改卜兄兆於北門外
呂埔鄉土名庵山塟以光緒丙戌十二月十四日穴坐酉
夘庚甲分金丁酉丁夘
降功弟謀烈謹誌

清敕封七品孺人
誥封恭人晉封
太夫人黃太母王太
太夫人墓誌銘

清敕封七品孺人　誥封恭人　晉封夫人黃
太君王太夫人墓誌銘
黃觀察謀烈丁其所生母夫人之憂於制期而
釋服觀察慼然曰以吾之不逮事所後也今於
所生之服復循例而殺之是終身不斬衰也吾
曩為禮臣見行省所在情重禮輕之事或據實
上籲

天子推孝治之意每曲為俞之吾固不可以不
請於是陳情大吏代為咨報乞終三年之制既
以 封公之命卜兆郡北馬鞍山之陽史定墨
吉遠日有期寓狀於其壻陳棨仁請為之誌且
曰吾母行誼喈喈在人口內外莫不聞顧將以
塒家牒示胄裔願執事詳為言之毋以緐瑣病
棨仁受其意而敘之曰 太夫人王氏代為晉

江著姓父　贈中憲大夫義質早世母陳孀居
絕粒以奇節顯　太夫人少嫺閨訓善事其親
年二十歸于黃爲　贈光祿大夫鄉賢退巖先
生之冢婦今候選知府通奉大夫香圃封公之
淑配　光祿治家嚴肅子弟燕見若在朝班
太夫人先意承志能得舅姑歡姑多病藥餌之
劑滲瀡之和扶持抑搔之役率一身自任夜分

而息辨明而興歷十餘寒暑而未嘗有倦容姑
没主中饋循矩襲矱顜若畫一遇歲時伏臘忌
日之薦躬自治具不假他手曰吾尊章所甘者
惟吾能諳之耳言之或欷歔懮慨助餕者莫弗
屏誃歛息若有作其敬者其事　封公也依乎
順而不違於禮事無鉅細必請而後行奉其廾
母許太夫人有如姑之敬待娣王恭人盡先後

之愛以敦睦親同室以慈和撫妾媵若子若孫
自其少時即導以禮法不令倨慢不令怒詈不
令縱口腹飫果蓏稍長既就傅學督之立品兒
孫媳婦笄總寢見必述先姑之誡以恭讓勤儉
為最有所不逮則優容之婢媪臧獲素受寬恕
矜恤之惠　太夫人沒後哭之多偯不能聲族
黨戚屬談其賢者輒雪涕賛慨而慮　封公老

失内助之大難為情也先時觀察通籍授　京
朝官恆以二親年高數數請急　太夫人訓之
曰吾家代荷　天寵當及時報稱無以二老人
為念觀察重違親意勉出就職由中書歷容臺
踤擢副使終以親年既暮解組歸田膝下依遲
竭色養著將及十稔於是　太夫人之年亦已
七十矣光緒五年五月十有七日捐養里第越

辛巳二月十六日出窆初　封孺人晉恭人旋
晉夫人子四謀壽泉州府學生員　贈中憲大
夫諴鼎歷官汀州府學南靖縣學訓導亦　贈
中憲大夫皆前卒謀烈同治癸亥進士禮部主
客司郎中補用道出為其叔父嗣謀攜孫五人
孫增府學生員孫圻孫坦孫堉孫堪女孫四曾
孫二曾孫女一於戲黃氏以儒學起家世載令

德簪組科第爲南州甲顧閨門之内樸儉勤慎
敦尚儒素而　太夫人尤能確守先代之法以
爲一家楷式乎居衣不帛食不粱餚饌不重肉
井臼爨飪與婢嫗雜作寸縷粒穀不愛惜不敢
棄待人本於至誠粉飾輕率訐謾之語未嘗出
諸其口宜乎積慶延祐媲德娠賢輔俾　封公
以種無窮之福也榮仁之妹許字謀撝次女字

孫圻均在室未行末由詳諗　太夫人之懿而
以所聞於窺串者證諸觀察之狀之言而知能
不誣其親也爰謰謱而彙紀之且繫以銘曰
有母而節有弟而文以能其家猗惟夫人莫大
于孝婦事孔修相佑夫子式好無尤在豫不怠
在盈不侈致好内外貞是福履綏良配淑式穀
惟賢玳首金葩來章自天詵詵諸孫其實維何

孰云其昌其始萌芽曷𢦏其興曰維在後視銘

考施夫人之有

賜進士出身

誥授朝議大夫吏部稽勳司員外郎前翰林院

庶吉士加二級婣家世案愚姪林棨材頓首拜

篆蓋

賜進士出身

誥授朝議大夫員外郎銜刑部主事前翰林院
庶吉士加二級年姻愚姪陳榮仁頓首拜撰文
賜進士出身
誥授奉直大夫翰林院編修　國史館協修加
三級　賞戴藍翎年姻愚姪龔顯曾頓首拜
書丹
穴坐乾向巽兼亥巳分金庚戌庚辰土名五峰
泉郡石室居刊